1割の経営者だけが実践している

会社と個人のキャッシュの増やし方

著 石野茉希

監修 佐々木健郎 公認会計士・税理士

あさ出版パートナーズ
PARTNERS

はじめに

「もっと前に知りたかった！」

中小企業の経営者の方々とお話をすると、よく耳にする言葉です。

税法を詳しく理解し様々な制度を活用することにより、経営者が自身の判断で自由に使えるキャッシュは実は簡単に増やすことができるのです。

実際に私のクライアントの中には、本書の内容を実行し、年間で1000万円近くも自由に使えるキャッシュが増えた方もいらっしゃいます。

本書では、そのノウハウを「どなたでも」「すぐに」実践できるようにまとめていますので、ぜひ、最後までお付き合いいただけたらと思います。

私は「経営者のためのFP」として活動しております。

何のキャリアも人脈もないところから保険業界に入り、今の私があるのは、尊敬するメンターの方や素敵な経営者の方々との出会いがあったからです。人との出会い、不思議なご縁に恵まれてきました。

実に多くの方からお話を伺い、学ばせていただきました。

保険営業マンとクライアントという関係の枠にとらわれず、後輩や友人としてお付き合いをしていただきました。

23年間のキャリアは、私の財産であり、かけがえのない方々との出会いと経験に恵まれました。

そのような関係性の中で、多くの経営者は「いざというときに誰にも守られず、日々経営判断を求められ、決断を下さなければならない孤独な存在」だということを知りました。

私が「経営者が自由に使えるキャッシュを増やす方法」を学び、研究するようになったのは、大切な友人でもありクライアントでもある経営者の方々の役に立ち、必要とされる存在になろうと決めた、そのときからです。

経営者の方は経営状況・立場による多少の違いはあれど、日々経営改善を模索し、努力を重ね、大切な家族や社員の生活を守っています。

時に社長として、時に父・母として、夫・妻として、息子・娘として……、様々な立場で重責と戦い責任を果たしています。

本書はそのような経営者の方々に向けて「自由に使えるキャッシュを増やすこと」を目的に執筆したものです。本文では、

・中小企業の経営者向け勉強会・商談を通して反響があった方法
・金融リテラシーの高い経営者が実践している方法

をまとめています。

本書を通して、経営者の方に「知っていると役立つ・得をする税制の仕組み」を知っていただき、皆さまの日々の企業活動のお力添えとなれば幸いです。

読み終えたあと、「もっと早く知りたかった！」と、冒頭の言葉を口にしていただければ、著者としてこの上なく嬉しい限りです。

石野茉希

もくじ

序章
まずは知っておきたい基礎知識

1章

「役員報酬」の決め方でキャッシュをつくる

2章 「社内規程」を作成する

3章

いざというときの「共済制度」と「団体保険」

4章

「助成金」や「補助金」を申請する

5章

「減価償却」の仕組みを知る

6章

退職金を受け取る

協力／社会保険労務士・高橋崇
助成金制度推進センター理事長・
藤田剛
株式会社エンジョイ代表取締役・
青木隆昌
合同会社 DreamMaker
編集協力／加藤道子
校正／鴎来堂
東京出版サービスセンター
本文デザイン／讃岐美重

※本書の内容は、令和5年1月末時点の情報にもとづいています。
※本書はおもに中小企業を対象に情報をまとめています。
※制度の詳細等は必ず、該当ホームページ等でご確認ください。
※本書はあくまで情報提供を目的としたものであり、情報の利用によって何らかの損失が発生したとしても、著者および出版社は責任を負いません。最終判断は専門家とともにご自身の判断でなさるようお願いします。

プロローグ

1割の経営者だけが実践していること

経営者の役割は企業の規模、事業内容により多岐にわたりますが、「経営判断を下す」というのは共通ではないでしょうか。

経営判断を求められる局面において、資金は切っても切れない関係であり企業活動の源泉です。潤沢な資金力は経営判断における選択肢の多さに直結するといっても過言ではありません。

資金は企業の成長を図るにも守るにも必要であり、余裕のある資金繰りは必須です。経営者は経営判断を行うにあたり、選択肢を多く確保できる状態（＝財務状況）にしておくこともまた、重要な仕事だといえます。

「1割の経営者だけが実践していること」の1割とは、税制（国の税金の仕組み）を知っている、もしくは知っている人（専門家）を知っていて実践している経営者の割合です。

これまでに保険の営業や勉強会で1000人近い経営者と出会ってきましたが、企業活動において資金繰りは必須だというのに、税制に精通している経営者は1割しかいませんでした。会社や経営者自身のためにキャッシュを残す方法を「知っている経営者」と「知らない経営者」の情報格差はとても大きいのです。

本書では企業資金の一部である「キャッシュ」をテーマに、**経営者がご自身の判断で自由に使うことができるキャッシュを増やす方法**をご紹介していきます。

例えば、ある経営者は「出張旅費規程」を見直し、経営者個人に年間400万円以上のキャッシュを生み出すことができるようになりました。

仮に、5年という期間で考えてください。「出張旅費規程」を見直したことにより、年間400万円×5年間で2000万円の自由に使えるキャッシュをつくることができるのです。2000万円あれば、有事の際に大きな役に立つことでしょう。

有事の一例として、2011年に東日本大震災がありました。私自身、石巻市で被災し、地元企業が直面した多くの苦難を目の当たりにしました。

東日本大震災発生当時、稼働再開が早かった企業は休業中も従業員を雇用し続けた企業でした。逆に、運転資金不足に不安を抱え、従業員を解雇せざるを得なかった、もしくは休業を決断した企業は、社屋や工場などハード面が復旧しても、従業員が戻らずに慢性的な人手不足に悩まされていました。

そんな中、震災翌月の4月には、国からの積極的な融資が金融機関に指示され、さらに7月、8月には県や国の補助金制度等が発表されました。

企業の明暗を分けたのは、結果的には**6カ月間の資金繰り**だったのです。

6カ月間と聞くととても長い期間のように感じるかもしれませんが、6カ月ほどの運転資金を準備しておくのは、決して難しいことではありません。有事の際に会社と社員、その家族を守るためには、6カ月間の運転資金はしっかり備えておくべきだと学びました。

震災で苦難に陥った企業は、石巻市内だけで約8000社、そのうちの9割弱の経営者が特殊な環境下で厳しい経営判断に迫られたのです。

このような現実を目の当たりにして改めてキャッシュの重要さを痛感し、企業が抱える多くの問題はキャッシュに直結していると確信しました。

企業に突如訪れる危機は、震災だけではありません。2000年以降、リーマンショックや異常気象による大規模水害、新型コロナウイルス感染拡大など、経済活動において外的要因による不測の事態はある日突然起こります。

しかし、このような有事の際にも、手元に潤沢なキャッシュがあれば経営者の選択肢は広がり、危機に対処することができるはずです。

ぜひ多くの方に、「経営者が自身の判断で自由に使うことができるキャッシュをつくる方法」を知っていただきたいと思います。

本書では法人の税金の仕組みと、個人の税金の仕組みなどを、すべての経営者の参考になるようにわかりやすく紹介しております。

理解が難しい箇所があったとしても、このような方法があるということを知っていれば、その情報をもとに専門家に相談することができます。

中小企業には税制上のメリットがとても多く存在しています。経営者がまだ知らない補助金や助成金もたくさんあります。ぜひ最後までお読みいただけましたら幸いです。

本書では、

「経営者が自身の判断で自由に使うことができるキャッシュをつくる方法」を

ご紹介していきます。

その前にまず、

ある2人の経営者（赤木社長と青山社長）の年間手取り額を

ご覧ください。

2人が会社から受け取る報酬は同額の2400万円です。

赤木社長

東京都在住・55歳

従業員30人を抱える中小企業の経営者

青山社長

東京都在住・55歳

従業員30人を抱える中小企業の経営者

それでは、次のページをご覧ください。

（ともに役員報酬2,400万円）

青山社長の場合

役員報酬（定期同額給与）	**10万円×12回**
役員賞与（事前確定届出給与）	**2,280万円（年1回）**
①社会保険料	64万217円
②所得税	569万2,600円
③住民税（※翌年分）	210万300円
（①②③合計	843万3,117円）

手取り額　1,556万6,883円

年収は同じでも青山社長のほうが
50万5,807円も手取り額が多い！

※令和5年1月末時点の情報で計算。

◎赤木社長と青山社長の手取り額

赤木社長の場合

役員報酬（定期同額給与）	**200万円×12回**
役員賞与	**0円**
①社会保険料	166万8,624円
②所得税	527万2,800円
③住民税（※翌年分）	199万7,500円
（①②③合計	893万8,924円）

手取り額　1,506万1,076円

赤木社長と青山社長の役員報酬額は同額ですが、

手取り額は、青山社長のほうが、**50万5807円**も多くなります。

赤木社長と青山社長の違いとは何でしょう。

それは、**青山社長はプロローグでお伝えした「情報を知っていて実践している1割の経営者」**だということです。

青山社長は、「事前確定届出給与」（※54ページ参照）の仕組みを知っていて、役員報酬の一部を役員賞与としたのです。

たったそれだけです。

結果、年収は同額でも、受け取り方を変えたことにより、青山社長は赤木社長より約50万円も多く手元に残るキャッシュを増やすことができたのです。

また、社会保険料は会社と個人の折半ですから、法人からの支出も青山社長のほうが約102万円減りました。

次に、2人がもしも、65歳で「年金受給年齢」の経営者だった場合の手取り額の差額はいくらになるかを見てみましょう。

次のページをご覧ください。

だった場合の手取り額

青山社長の場合

役員報酬（定期同額給与）	**10万円×12回**
役員賞与（事前確定届出給与）	**2,280万円（年1回）**

①社会保険料	66万円
②所得税	599万2,000円
③住民税（※翌年分）	217万3,600円
（①②③合計	882万5,600円）

老齢基礎年金	**＋77万7,800円**
老齢厚生年金	**＋162万2,200円**

手取り額 **1,757万4,400円**

年収は同じでも青山社長のほうが
161万6,500円も手取り額が多い！

◎赤木社長と青山社長が年金受給年齢（65歳）

赤木社長の場合

役員報酬（定期同額給与）	**200万円×12回**
役員賞与	**0円**
①社会保険料	162万円
②所得税	527万2,800円
③住民税（※翌年分）	192万7,100円
（①②③合計	881万9,900円）
老齢基礎年金	**+77万7,800円**
老齢厚生年金	**0円**

手取り額　1,595万7,900円

65歳の赤木社長と青山社長は、「老齢基礎年金」と「老齢厚生年金」の年金受給年齢のため年金を受け取ることになります。

この場合も、赤木社長と青山社長の手取り額は、青山社長のほうが、**年間161万6500円**も多くなります。

青山社長は「事前確定届出給与」だけでなく、「老齢厚生年金」の仕組みも知っていました。

違いは、**知っていたかどうか**、ただそれだけです。

本書ではこのような、「知っていて実践することにより、経営者が自身の判断で自由に使うことができるキャッシュをつくる様々な方法」をご紹介しています。

まずは序章で、「法人税」「所得税」「社会保険料」の基礎知識についてご説明しましょう。

これらを知っておくことで、1章以降の本文の内容が、よりわかりやすくなります。

序章

まずは知っておきたい基礎知識

1．法人税の仕組みについて

法人税の仕組みはとてもシンプル

法人税とは、法人の所得（儲け）に対して課される税金のことであり、次の計算式で算出されます。

法人税額 ＝ 所得金額 × 法人税率

よく「所得」と「利益」が混同されがちですが、同じではありません。「所得」は税法上の利益であり、益金から損益を控除して計算します。

実務では、「会計上の利益」をもとに「税務調整」をして、「税務上の所得」を算出します。

法人税額は、この所得金額に法人税率をかけて算出します。

法人税率で特に特徴的なのは、次の2点です。

①　基本的に大企業か中小企業かによって税率が異なること

②　資本金が1億円以下の企業等については、軽減税率が適用され、所得金額が800万円以下は税率が低いこと

法人が支払う税金には、法人税の他にも「法人住民税」「法人事業税」があります。

法人税が国に支払う「国税」であるのに対し、**法人住民税と法人事業税は、地方自治体に支払う「地方税」**です。そのため、税率は自治体によって若干異なります。


法人住民税は、「法人税額」「資本金」「従業員数」などによって税率が決まりますが、**法人事業税は、法人税と同じように所得によって税率が変わります。**

例えば、東京都の法人事業税の税率の一例は次のとおりです。

・年400万円以下の所得　3・5%
・年400万円超～800万円以下の所得　5・3%
・年800万円超の所得　7・0%

なお、この**法人事業税は「損金（=経費）」**となります（これを「損金算入」といいます）。

法人事業税は税金ですが、翌事業年度に損金計上することができます。

◎法人税率（資本金１億円以下の普通法人）

<table>
<tr><th colspan="4" rowspan="2">区　分</th><th colspan="4">適用関係（開始事業年度）</th></tr>
<tr><th>平成28年4月1日以後</th><th>平成30年4月1日以後</th><th>平成31年4月1日以後</th><th>令和4年4月1日以後</th></tr>
<tr><td rowspan="3">普通法人</td><td rowspan="3">資本金1億円以下の法人など</td><td rowspan="2">年800万円以下の部分</td><td>下記以外の法人</td><td rowspan="2">15%</td><td rowspan="2">15%</td><td>15%</td><td>15%</td></tr>
<tr><td>適用除外事業者</td><td>19%</td><td>19%</td></tr>
<tr><td colspan="2">年800万円超の部分</td><td>23.40%</td><td>23.20%</td><td>23.20%</td><td>23.20%</td></tr>
</table>

※法人税の税率は、法人の区分に応じ、異なります。
※「国税庁」ホームページ参考

仮に所得金額が1,000万円の場合、800万円までは税率が15%、残りの200万円には税率23.2%と地方法人税10.3%がかかります。

◎法人事業税率

（例:東京都の軽減税率適用法人のうち、不均一課税適用法人の税率）

区　分		法人事業税率
普通法人	年400万円以下の所得	3.5%
	年400万円超～年800万円以下の所得	5.3%
	年800万円超の所得	7.0%

※令和４年4月1日以後に開始する事業年度の場合
※「東京都主税局」ホームページ参考

2. 所得税（個人）の仕組み

超過累進課税であることを知る

個人の収入には、所得税と個人住民税がかかります。

所得税とは、個人が毎年1月1日から12月31日までの1年間に得た収入に対して課せられる税金のことです。所得があるすべての人に納税の義務が課せられ、経営者の場合は「役員報酬」（※44ページ参照）などがその対象になります。

他にも家賃収入など別に収入がある場合は合算となります。

所得税の税率は、「**超過累進税率**」であることがポイントです。

所得が増えるほど、多くの税金を納めなくてはならない仕組みとなっています。

所得税は次の計算式で算出されます。

所得税額 ＝（課税所得金額 × 所得税率）― 控除額

◎所得税の速算法

平成27年分以後

課税される所得金額	税率	控除額
1, 000円から194万9,000円まで	5%	0円
195万円から329万9,000円まで	10%	9万7,500円
330万円から694万9,000円まで	20%	42万7,500円
695万円から899万9,000円まで	23%	63万6,000円
900万円から1,799万9,000円まで	33%	153万6,000円
1,800万円から3,999万9,000円まで	40%	279万6,000円
4,000万円以上	45%	479万6,000円

※課税される所得金額は、1, 000円未満の端数金額を捨てたあとの金額です。
※平成25年から令和19年までの各年分の確定申告においては、所得税と復興特別所得税（原則としてその年分の基準所得税額の2.1％）をあわせて申告・納付することになります。
※「国税庁」ホームページ参考

「課税所得」とは、収入から必要経費などを除いた所得から、基礎控除や配偶者控除などの各種所得控除を差し引いた金額のことです。

所得税に関しては、**所得金額によって税率が上がる**ということを覚えておきましょう。

なお、個人住民税率は「所得割」の10%＋「均等割」となります。

◎所得税額の計算方法

【例】課税所得が500万円の場合

（課税所得金額 × 所得税率）－ 控除額

⬇

（500万円 × 20%）－42万7,500円

＝57万2,500円

※平成25年から令和19年までの各年分の確定申告においては、所得税と復興特別所得税（原則としてその年分の基準所得税額の2.1%）をあわせて申告・納付することになります。

<納税額>

57万2,500円＋（57万2,500円×2.1%）＝58万4,522円

3．社会保険料の仕組み

経営者は個人と法人、両方の社会保険料を負担している

社会保険料は、一般的に年収の30％程度（会社負担と個人負担の合計値）徴収されており、所得税などよりはるかに大きな負担になっています。

※ここでは社会保険は「健康保険」「介護保険」「厚生年金保険」を指します。

- **健康保険**　医療費の一部を国や地方自治体が負担してくれる制度
- **介護保険**　40歳以上を対象に要介護状態になった際に介護サービスを受けられる制度
- **厚生年金保険**　「老齢年金」「障害年金」「遺族年金」などの年金制度を受けられる制度

経営者は、個人と法人の両方の保険料を負担しており、経営者が保険料を抑える意義は大きいです。

では、社会保険料の仕組みについて見ていきましょう。

社会保険料は、次の計算式で算出されます。

社会保険料額＝標準報酬月額×保険料率

「標準報酬月額」とは、基本給などの報酬の合計金額（報酬月額）を「等級」に区分して設定された金額のことです。

また、保険料率は、厚生年金は18・3％、健康保険は10％、介護保険は1・82％です（東京都の場合／令和5年3月分から）。健康保険料率は都道府県によって異なります。

役員報酬には「厚生年金保険料」「健康保険料」ともに上限があり、超えた分については保険料がかかりません。

「厚生年金保険料」に関していえば、標準報酬月額65万円を超えた部分には保険料がかからないのです。報酬月額130万円の経営者は、標準報酬月額が65万円の経営者よりも2倍の保険料を納めていることになりますが、だからといって将来2倍の年金額を受け取れるわけではありません。

一方、「健康保険料」の標準報酬月額の上限額は139万円です。

例えば、報酬月額200万円にした場合、139万円に対して保険料を支払うことになります。

法人の役員の場合は、役員報酬額の変更が多くの場合、年に1回可能です。

役員報酬額によって社会保険料は変わるため、「厚生年金保険料」の上限等を考慮して、報酬月額を決めているという経営者もいました。

ここまで、法人税、所得税、社会保険料の基礎知識についてお話ししました。

次の章からは早速、具体的なキャッシュのつくり方について解説していきましょう。

1章

「役員報酬」の決め方でキャッシュをつくる

役員報酬と役員賞与の決め方で手取り額が大きく変わる

社会保険料・所得税・住民税・年金額が変わるため

皆さんは、ご自身の「役員報酬月額」と「役員賞与」をどのように決めているでしょうか。

「役員報酬月額」とは、従業員でいうところの月々の給料のこと、つまり、経営者の毎月の給料を指します。「役員賞与」は、ボーナスのことです。

「なんとなくこれくらいかな」と決めている方もいらっしゃるでしょう。

もし、特に理由なく金額を決めているとしたら、冒頭でご紹介した、赤木社長と青山社長の役員報酬と役員賞与の額を、改めてご覧ください（※45ページのパターン①参照）。

法人から支出する金額は同じなのに、個人の手元に残る手取り額が変わります。

◎赤木社長と青山社長の比較

パターン①
ともに役員報酬2,400万円の場合

	赤木社長	青山社長
役員報酬	**200万円×12回**	**10万円×12回**
役員賞与	**0円**	**2,280万円(年1回)**
①社会保険料	166万8,624円	64万217円
②所得税	527万2,800円	569万2,600円
③住民税(※翌年分)	199万7,500円	210万300円
①②③合計	893万8,924円	843万3,117円
手取り額	**1,506万1,076円**	**1,556万6,883円**

差額 50万5,807円

パターン② ともに役員報酬600万円の場合

	赤木社長	青山社長
役員報酬	**50万円×12回**	**10万円×12回**
役員賞与	**0円**	**480万円(年1回)**
①社会保険料	89万3,925円	58万7,265円
②所得税	16万6,500円	19万7,700円
③住民税(※翌年分)	26万600円	29万1,200円
①②③合計	132万1,025円	107万6,165円
手取り額	**467万8,975円**	**492万3,835円**

差額 24万4,860円

２人の年間報酬は同じ２４００万円です。

異なる点は、次のとおりです。

- **赤木社長は月額２００万円の役員報酬を12カ月支給**
- **青山社長は月額10万円の役員報酬を12カ月支給＋役員賞与２２８０万円を年に１回支給**

報酬の受け取り方が違います。その結果、社会保険料・所得税・住民税が変わり、**手取り額が青山社長のほうが約50万円も多く**なりました。

役員報酬が６００万円の場合でも、年間の手取り額は約24万円変わります（※45ページのパターン②参照）。役員報酬額は２４００万円に対して４分の１ですが、差額は24万円になります。効果という点では年間役員報酬額６００万円に対しての24万円のほうが高いと言えます。

役員報酬と役員賞与の額は、経営者自身が決めることができるものです。

その金額や受け取り方で、年収が同じでもこんなにも手元に残るキャッシュの額が変わるのです。

ただし、役員報酬をあまりに低額とした場合のデメリットもあります。その点についても留意すべきです。

例えば、役員退職金が低額となってしまうリスクがあります。

また、役員報酬を低額にしたことで役員賞与が高額となり、不相当に高額な役員賞与として税務上否認されるリスクがあります。

別の視点として、役員報酬をあまりにも高額にすると、所得税率が非常に高くなり、法人が赤字となり得ます。法人と個人の税負担率を合算して考えた場合に得策と言えないケースが多く、**法人税と所得税、社会保険料を全体として把握する視点が重要**です。

役員報酬と法人の利益バランスについては、顧問税理士などに相談されることをおすすめいたします。

次の項目から、役員報酬の賢い決め方についてお話ししていきましょう。

パターン ①	パターン ②	パターン ③
1,200万円	1,200万円	1,200万円
0円	600万円	1,200万円
1,200万円	600万円	0円
396万円	198万円	0円
804万円	402万円	0円
0円	600万円	1,200万円
0円	16万3,200円	124万6,090円
0円	3,400円	2万6,200円
0円	26万700円	81万8,300円
0円	89万2,500円	138万6,960円
0円	131万9,800円	347万7,550円
396万円	329万9,800円	347万7,550円
↑ 最も公租公課負担が重い	↑ 最も公租公課負担が軽い	

パターン2は、ある程度役員報酬を支給することで、所得税、住民税、社会保険料や法人税等は発生しているものの、全体として見るとバランス良く公租公課が発生しており、公租公課負担が軽い。ケースバイケースのため、事前に複数のプランでシミュレーションしてみることが大事。

◎役員報酬と法人の利益バランス

1 法人の計算	役員報酬控除前利益 役員報酬 税引前当期利益 ①法人税・地方税 税引き後利益
2 個人の計算	給与所得 所得税 復興特別所得税 住民税 社会保険料（※翌年分） ②税金＋社会保険料　計
3 法人＋個人	①＋②

※実効税率33％と仮定

パターン1は、役員報酬を0円にすることで、個人の所得税、住民税、社会保険料の負担はないものの法人税等の負担が重く、法人と個人を通算で見ると最も公租公課負担が重い。なお、社会保険に加入していないため、別途、国民健康保険などに加入する必要性もあるため、公租公課の負担がより重くなる可能性がある。 ↗

役員報酬の決め方

仕組みを知った上で決める

先ほどの赤木社長と青山社長の手取り額が大きく変わった要因は、**役員報酬と役員賞与の額によって所得税と社会保険料・住民税が変わったため**です。

まずは、役員報酬について解説していきましょう。

序章でお伝えしたとおり、**所得税は超過累進課税なので、役員報酬が高ければ高いほど税率も上がり、多く納税することになります。**

一方で社会保険料は、厚生年金保険料が報酬月額65万円以上は保険料がかかりません。

そのため、それぞれの税金がどれくらいかかるかを計算して、最適な役員報酬額を決めることができれば、青山社長のように手取り額を大きく増やすことができます。

税金を多く納付することは、社会へ還元することになるので、それも良いことだと思いますが、定期的に訪れる有事に備え、一定の金額を資金として準備しておくことも良いのではないでしょうか。

ちなみに役員報酬月額の金額は、**決算後3カ月以内に開催される定時株主総会で決議し、基本的に年に1回だけ変更が可能**です。

なお、あまり知られていないのですが、特別な事情があれば減額することは期の途中でも可能です。

今ある事業計画や経営者が描く未来によって変わってくると思いますが、この機会に**最適な報酬月額**を考えてみてはいかがでしょうか。

役員報酬を損金にする方法

「定期同額給与」で支給する

従業員の給与は、基本的に損金として算入できますが、役員報酬を損金にするためには条件等があります。

その一つが、役員報酬を「定期同額給与」で支給することです。**これは役員報酬を毎月、同額支給することを言います。**

月々の役員報酬を同額にすることで、役員報酬を損金にすることができるのです。

原則として、役員報酬は期の途中で増やすことはできません。

しかし、売上減や取引先の倒産などによる急激な業績の悪化など特別な理由があれば、期の途中でも減らすことはできます。

ただし期の途中で役員報酬を減らしたことで役員報酬を損金にできなかった場合、その分、法人税を支払わなくてはならなくなります。

そのため、役員報酬は必ず定期同額給与で支給しましょう。

税務署へ届け出る必要はありませんが、定時株主総会のタイミングで毎月支給する額を決め、1年間その額を支給しなければなりません。

役員賞与を損金にする方法

「事前確定届出給与」を提出する

「社長はボーナス（賞与）をもらえない」と思っている中小企業の経営者はたくさんいらっしゃいます。それもそのはず、２００６年の税制改正まで、役員に対する賞与は経費として認められていませんでした。

しかし、**現在は「事前確定届出給与」を税務署に提出すれば、損金として認められます。**

「何日にいくら出します」と事前に届けを出しておくことによって、報酬および賞与を損金にできるのです。

仮に損金にできないと、法人税の課税対象となるため注意が必要です。

先ほどの青山社長は、この「事前確定届出給与」を提出したことで、役員賞与を損金にすることができ、社会保険料を大幅に引き下げることができました。

青山社長はその分、月々の役員報酬の額を低く設定しています。

期末になって「今期は利益が多かったから賞与を多めに出そう」というような支給方法は損金になりませんので注意が必要です。

税務署への届出手続きの方法は次の通りです。

定時株主総会で、支給する時期と金額を決議して議事録を作成し、「その決議から1カ月以内」または「事業年度開始日から4カ月以内」のいずれか早い日までに、税務署へ届出書を提出すればOKです。

その際、届出期限の厳守と、届出の内容どおりに支給することが重要です。**支給日が違っていたり、支給額が1円でも多かったり少なかったりすると、損金にできません**ので気をつけましょう。

しかし、予想に反して経営状況が悪化したような場合、全額不支給にすることはできます。その際は、支給日前に臨時株主総会で決議する必要があります。届けを出しておくだけで賞与も損金にできるので、ぜひ活用しましょう。

役員賞与にも社会保険料の「上限」がある

上限を超えた分には「健康保険料」と「厚生年金保険料」がかからない

役員報酬に「健康保険料」「厚生年金保険料」の上限があるように、役員賞与にも「健康保険料」「厚生年金保険料」の上限があります。その**上限を超えた賞与分には社会保険料はかかりません**。

賞与にかかる社会保険料は、標準賞与額に保険料率（健康保険と厚生年金保険のそれぞれの料率）をかけて算出します（※標準賞与額とは、税金が引かれる前の賞与総額から千円未満を切り捨てた額のこと。賞与が支給される月ごとに決定します）。

「健康保険」は年度の累計額573万円（4月1日から翌年3月31日までの累計額）、**「厚生年金保険」は1カ月あたり150万円が上限**となります。

青山社長の場合

（年間2,280万円の賞与を年1回支給）

【健康保険料】

2,280万円−573万円=1,707万円

1,707万円には健康保険料が
かかりません。

【厚生年金保険料】

2,280万円−150万円=2,130万円

2,130万円には厚生年金保険料が
かかりません。

例えば、先ほどの青山社長の場合を見てみましょう。

2280万円の賞与を受け取っている青山社長は、そのうちの1707万円には健康保険料がかからず、2130万円には厚生年金保険料がかかりません（※57ページ参照）。

つまり、役員賞与は1回の支給につき150万円、年間573万円を超えることが一つの目安となります。

その分、役員報酬月額を引き下げるなどの検討もできそうです。

収入は世帯収入で考える

家族を役員にして所得を分散する

生計を一つにしている配偶者、子ども、両親がいるなら、役員登記し役員報酬として所得を分散することにより、所得税率を引き下げることができます。

そうすることで、世帯収入を増やすことができます。

ただし、名義上だけの役員は除きます。実際に役員として経営に参加する必要があります。

わかりやすいように、3パターンでシミュレーションしてみましょう。

法人からの支出は2400万円とします。

すべてを1人の所得とするケース、2人に分散するケース、3人に分散するケース、それぞれどれくらい世帯収入が変わるのか見てみましょう。

法人から2400万円を報酬として支出

Ⓐ経営者1人の所得とするケース（2400万円）
Ⓑ配偶者と2人で分散するケース（1200万円、1200万円）
Ⓒ経営者、配偶者、子どもの3人で分散するケース（800万円、800万円、800万円）

⬇

Ⓐの世帯収入　1506万1080円
Ⓑの世帯収入　1703万304円
Ⓒの世帯収入　1778万580円

（※62〜63ページ参照）

１人で報酬をもらった場合と、２人で報酬を分散した場合では１９６万９２２４円、３人で報酬を分散した場合は２７１万９５００円も世帯収入が変わります。

収入を分散することが、キャッシュを手元につくる一つの手段になるのです。

家族を役員にして収入を分散することによって所得税率を引き下げ、世帯収入を増やすことを検討してみてはいかがでしょうか。

（年間報酬額2,400万円の場合）

（C）3人に分散するケース

経営者

月額報酬	67万円
①社会保険料	9万8,404円
②所得税	3万9,775円
③住民税（※翌年分）	3万7,916円
（①②③合計	17万6,095円）
月額手取り額	**49万3,905円**

配偶者

月額報酬	67万円
①社会保険料	9万8,404円
②所得税	3万9,775円
③住民税（※翌年分）	3万7,916円
（①②③合計	17万6,095円）
月額手取り額	**49万3,905円**

子

月額報酬	67万円
①社会保険料	9万8,404円
②所得税	3万9,775円
③住民税（※翌年分）	3万7,916円
（①②③合計	17万6,095円）
月額手取り額	**49万3,905円**

年間手取り合計額（世帯収入）　**1,778万580円**

※ C の月額報酬はわかりやすいよう 67 万円に切り上げています。

◎所得分散のシミュレーション例

(A) 1人の所得とするケース

月額報酬	200万円
①社会保険料	13万9,052円
②所得税	43万9,400円
③住民税(※翌年分)	16万6,458円
(①②③合計	74万4,910円)
月額手取り額	**125万5,090円**

年間手取り合計額(世帯収入) **1,506万1,080円**

(B) 2人に分散するケース

経営者	月額報酬	100万円
	①社会保険料	11万5,580円
	②所得税	10万6,016円
	③住民税(※翌年分)	6万8,808円
	(①②③合計	29万404円)
	月額手取り額	**70万9,596円**
配偶者	月額報酬	100万円
	①社会保険料	11万5,580円
	②所得税	10万6,016円
	③住民税(※翌年分)	6万8,808円
	(①②③合計	29万404円)
	月額手取り額	**70万9,596円**

年間手取り合計額(世帯収入) **1,703万304円**

親族を社会保険の扶養に入れる

扶養家族への役員報酬は年間130万円未満にする

親族を役員にする場合、収入を130万円未満にすることにより社会保険の扶養とすることができます。

また、非常勤役員として勤務をする場合は、社会保険の対象外となって、社会保険料がそもそも課されない可能性があります。

つまり、社会保険料の支払額を減らすことができるというわけです。

ちなみに、103万円以下なら所得税もかかりません。

例えば、先ほどの例と同じように、2400万円の所得がある経営者の場合、全額を1人の収入とすると1800万円を超える部分の所得税率は40%です。

しかし、家族5人（父母、配偶者、長男、次男）の役員に年間129万円ずつ支払うとすると、経営者の所得は1755万円に下がり、所得税も低くなります。

ただし、家族構成や状況によって、メリットだけではないケースもあるため、顧問税理士や社会保険労務士の専門家に相談しながら、最も世帯収入が大きくなる報酬月額を探してみましょう。

ちなみに、**未成年者でも15歳以上なら印鑑登録をして役員にすることができます**。

その際、業務の実態を問われます。その業務内容をきちんと決めて実質に見合った適正な報酬を支払いましょう。

会社によってケースバイケースなので、顧問税理士などに相談してみることをおすすめいたします。

在職老齢年金の仕組みを知り年金を満額受け取る

年金＋報酬額は47万円以下に

在職老齢年金とは、60歳以降、働きながら受け取る老齢厚生年金のことです。以前は60～65歳までは、総報酬月額相当額と年金基本月額の合計が28万円を超える場合、超えた分の年金は支給されませんでした。

しかし令和4年4月に、60歳以上65歳未満の方の在職老齢年金について、年金の支給が停止される基準が見直されました。65歳以上の方と同じ基準（28万円から47万円）に緩和されたのです。**年金＋報酬＝47万円以下に設定すると、年金額を全額受け取ることができます。**

年金基本月額

＝加給年金額を除いた特別支給の老齢厚生（退職共済）年金の月額

総報酬月額相当額

＝（その月の標準報酬月額）＋（その月以前1年間の標準賞与額の合計）÷12

現在、68ページの図のように、「特別支給の老齢厚生年金」は生年月日、性別によって支給開始年齢が変わりますが、「老齢基礎年金」は65歳以降の受給要件を満たしたすべての人に支給されます。「老齢厚生年金」は支給停止があるため老齢年金の請求手続きをしない経営者の方がいますが、「老齢基礎年金」は支給停止がないため、年齢に達したら、まず手続きすることをおすすめいたします。

65歳からの適正な役員報酬額を知ることにより、年金額を全額受け取ることができるのです。お近くの社会保険事務所で、年金がカットされる報酬月額や受け取ることができる年金額を確認して、役員報酬を賢く決めましょう。

◎老齢年金の受給開始年齢について

男性の場合	女性の場合
昭和28年4月2日～昭和30年4月1日に生まれた方	昭和33年4月2日～昭和35年4月1日に生まれた方
昭和30年4月2日～昭和32年4月1日に生まれた方	昭和35年4月2日～昭和37年4月1日に生まれた方
昭和32年4月2日～昭和34年4月1日に生まれた方	昭和37年4月2日～昭和39年4月1日に生まれた方
昭和34年4月2日～昭和36年4月1日に生まれた方	昭和39年4月2日～昭和41年4月1日に生まれた方
昭和36年4月2日以降に生まれた方	昭和41年4月2日以降に生まれた方

特別支給の老齢厚生年金

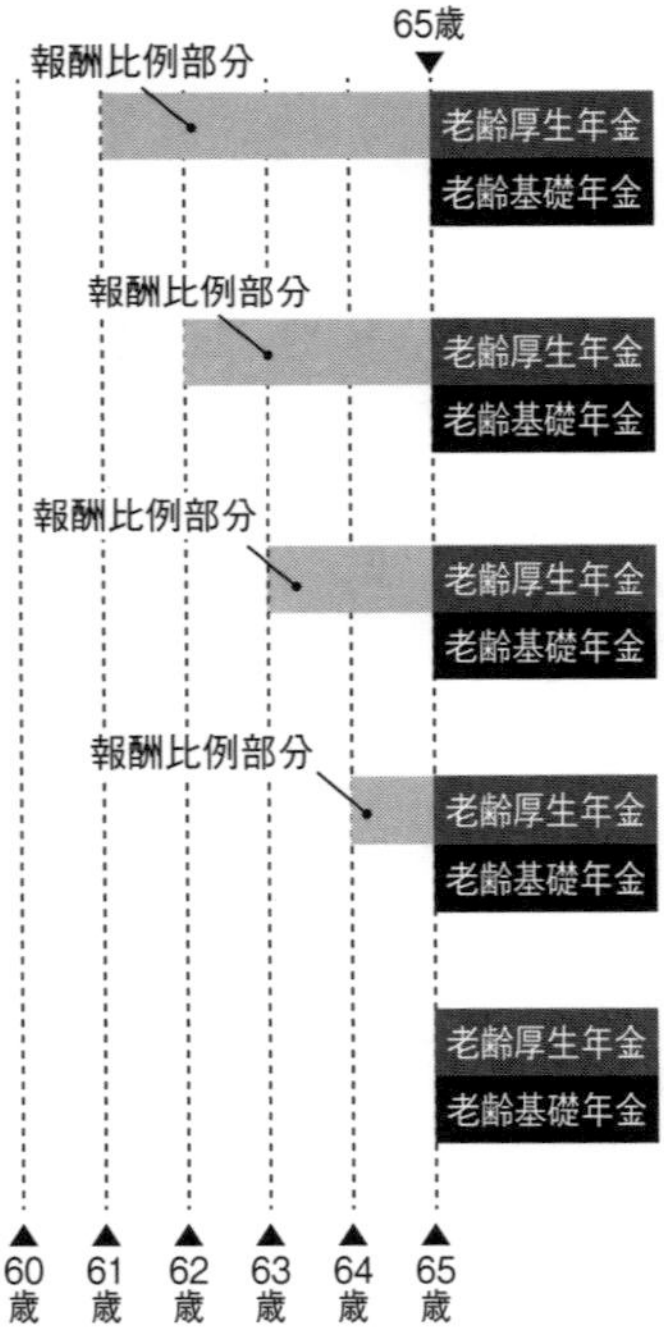

※「日本年金機構」ホームページ参考

2章

「社内規程」を作成する

「社内規程」をきちんと作成する

個人からの支出を減らし、法人で損金に計上する

従業員やクライアントの結婚祝いや出産祝い、見舞金などをご自身のお財布から出している経営者の方は多いのではないでしょうか。

個人のお財布から出ているお金は、給料（役員報酬）から所得税、住民税、社会保険料などの税金が引かれたあとの所得（可処分所得）から支出しています。

そこでおすすめしたいのが、「社内規程」の作成です。**社内規程を作成することで、お祝い金や見舞金などを法人から支出し、損金に計上することができ得るのです。**

「社内規程」は、**従業員との合意なしで定められる会社のルール**のことです（場合によって、従業員にとって不利益となる内容については合意なしでは定めるこ

とができません）。

社内規程を作成しておくことにより、出張費や社宅費、福利厚生費なども損金に計上することができ得ます（※詳しくは、72ページ以降で解説します）。

社内規程は税務署に提出する必要もなく、いつでも作成することができます。

文章化が必須ですが、作成のルールなどは特にありません。損金などの問い合わせなどの際、社内規程が根拠となりますので、法律に抵触していないか、また、整合性がとれているかなどの確認も含め、専門家に相談しつつ作成するのが良いでしょう。税務調査でも、支出の根拠となる社内規定は確認されます。

社内規程を作成することにより、個人の可処分所得の中から支出していた様々な費用を法人から支出し損金に計上することができるようになるため、もし作成していない場合は、今すぐ作成することをおすすめいたします。

出張旅費を損金に計上する方法

「出張旅費規程」を作成する

出張が多い経営者の方は、「出張旅費規程」を作成することをおすすめします。出張旅費規程を作成しておくことにより、**法人は費用を損金に計上することができます。**

出張旅費規程で定めるのは、「日当、宿泊費、交通費」の３つが基本となります。

交通費→通常、実費支払い
出張旅費規程を作成すれば、定めた金額で支給

宿泊費→通常、実費支払い
出張旅費規程を作成すれば、定めた金額で支給

日当　→通常、給与扱い（※日当は、交通費、宿泊以外の費用のこと）
出張旅費規程を作成すれば、経費扱い（旅費交通費扱い）に

このように出張旅費規程を定めておけば、「出張報告書」の提出は必須ではありますが、経理担当者の実務を簡素化することも可能となります。

ただ、あまりにも高額に設定してしまうと経費として認められないため、社会通念上適正な金額を設定しましょう。

出張旅費規程は役所等への届け出は必要ありません。

まだ出張旅費規程がない場合はすぐに作成することをおすすめいたします。

「出張旅費規程」の作成方法

「宿泊費」「交通費」「日当」の支給額の決め方

支給額の決め方で一般的なのが、「**役職ごとに金額を決める**」ケースです。

例えば、新幹線なら「社長はグリーン車」「部長クラスは指定席」「その他の社員は自由席」のように分けている会社もあります。

宿泊費を「地方政令都市とそれ以外」や「国内と海外」など、**出張の地域別で金額を変えるのも良い**でしょう。

経営者の場合、移動中にお仕事をされる方も多いと思います。「飛行機はビジネスクラス」「新幹線はグリーン車」などと設定するのも良策です。

具体的な金額設定をどう決めたらいいか迷われる方もいらっしゃると思います

が、それは100社あったら100通りです。

自身の会社に適した金額を定めるためには、顧問税理士に相談するのが良いでしょう。

というのも、非課税で支給されるからといって支給額を相場より高額にすると否認されることがあるからです。

税理士等の専門家の意見を聞きつつ作成することをおすすめします。

家賃を損金計上する

自宅を社宅扱いにして会社が家賃を損金計上する

「社宅に住めるのは社員だけ」と思っていらっしゃる経営者の方は多いですが、実際には経営者や役員であっても、社宅に住むことはできます。

自宅を社宅にすると「**経営者が会社に住居費を払う**」形になります。

会社が利用者（この場合は経営者）から一定額の家賃（賃貸料相当額）を徴収していれば、法人で損金に計上することが可能となります。

社宅というと、マンションやアパートなどの集合住宅をイメージされる方も多いですが、社宅の形態はマンションでも一戸建てでもOKです。

ただし、個人所有の一戸建ての名義を法人名義に変更する場合は、不動産鑑定士への料金や登記などの費用がかかるので、きちんと調べる必要があります。

いずれにしても、個人所有から法人所有へ変更する場合、個人から法人への売却となるため、時価での売却が必要となり、時価の算定には不動産鑑定士や税理士などに依頼して不動産の評価を行う必要がある点にご注意ください。

社宅における住居費の決め方は、相場により決まりますので、住居費を決める際は必ずチェックしましょう。

自宅を社宅にしている経営者の方の中には、算定式をチェックせず、なんとなく2～3割を家賃にして会社に支払っている方も意外に多いようですが、明確なルールがあります。

役員に貸与する社宅が小規模な住宅である場合

次の（1）から（3）までの合計額が賃貸料相当額になります。

（1）（その年度の建物の固定資産税の課税標準額）×0・2％

(2) 12円×(その建物の総床面積(㎡)/(3.3㎡))

(3) (その年度の敷地の固定資産税の課税標準額)×0.22%

役員に貸与する社宅が小規模な住宅でない場合

役員に貸与する社宅が小規模住宅に該当しない場合には、その社宅が自社所有の社宅か、他から借り受けた住宅等を役員へ貸与しているのかで、賃貸料相当額の算出方法が異なります。

(1) 自社所有の社宅の場合

次のイとロの合計額の12分の1が賃貸料相当額になります。

イ (その年度の建物の固定資産税の課税標準額)×12%

ただし、法定耐用年数が30年を超える建物の場合には12%ではなく、10%を乗じます。

ロ (その年度の敷地の固定資産税の課税標準額)×6%

（2）他から借り受けた住宅等を貸与する場合
会社が家主に支払う家賃の50％の金額と、上記（1）で算出した賃貸料相当額とのいずれか多い金額が賃貸料相当額になります。

※「国税庁」ホームページ

ちなみに、家賃の全額を法人負担すると、給料として認定されてしまい所得税の課税対象及び法人税の課税対象になるので注意しましょう。

その他にも、自宅を法人所有とすると個人から法人へ支払う家賃が法人側で収益計上されて税金が生じる可能性があることや、相続の際に小規模宅地等の特例の適用が受けられないなどのデメリットもあるため、顧問税理士に相談の上、メリットとデメリットを網羅的に、定量的に判断することが必要です。

福利厚生を導入することで検診費などを損金計上する

数多くの福利厚生から適切なものを選ぶ

福利厚生費とは、**法人が役員や従業員の福利厚生を目的として支出し、給料や賞与とは別に支出する費用**のことです。

福利厚生は従業員の満足度を上げるだけでなく、会社の社会的信頼性も上がるといったメリットがありますので、従業員のライフスタイルに合わせ導入することをおすすめいたします。

また、福利厚生制度を設定すれば、福利厚生費を損金計上することができ、**法人税の軽減も期待できます。**

福利厚生には、「法定福利厚生」と「法定外福利厚生」の2種類がありますが、ここで言及したいのは、**「法定外福利厚生」**です。

法定福利厚生→企業に導入が義務づけられているもの

【例】健康保険、介護保険、厚生年金保険、雇用保険(失業保険)、労災保険、子ども・子育て拠出金

法定外福利厚生→企業が任意で導入するもの

【例】通勤手当、住宅手当、検診費、弔慰金など

法定外福利厚生の内容は、経営者や従業員のライフスタイルに合わせて導入することができます。

ただし、「法定外福利厚生費」として認められるためには、一般的に次のような点に注意が必要です。

1. 基本的に社員全員を対象とすること

基本的にすべての従業員が利用できなくてはならず恣意的な運用は難しい。

2. 社内規程を整備しておくこと

社内で明文化されていることで、税務署から否認されるリスクが小さくなる。

3. 社会通念上、妥当と思われる金額にすること

福利厚生費に金額の上限規程はないが、常識的な金額を設定する。

福利厚生は、規程として文章化しておくことだけで導入することができます。いくつか、例をご紹介しましょう。

慶弔見舞金

↓経費として損金に計上することができます。ただし、平均的な設定金額は社風や実情により異なりますので、従業員の勤続年数や役職に分けて設定するのが良いでしょう。

別荘を会社の保養施設にする

↓経営者が別荘を持っている場合、そこを会社の保養施設にすれば、別荘の修繕費なども経費として損金に計上することができます。従業員全員が使用でき、利用状況がわかる書類を整備すること、また、保養所としての実態があれば福利厚生費として認められます。

レジャー施設の利用料

↓映画のチケットやテーマパークの割引券の配布、ジムの会費の割引などを経費として損金に計上することができます。

健康診断費用

↓通常の健康診断費用だけでなく、追加の検査費用を経費として損金に計上することができます。ただし、著しく高額なものなどは難しい可能性があり、個別に検討が必要になります。

レクリエーション費用

↓新年会や忘年会、歓送迎会の費用も、社会通念上相当と認められる金額であれば経費として損金に計上することができます。

福利厚生費は経費にできるものの、役員や従業員へ現金支給することはできませんので注意しましょう。

福利厚生は社員の慰労にもなるため、社会通念上相当であるものについては会社の実情に合わせて導入すると良いでしょう。

接待交際費を損金計上する

中小企業への優遇措置によって一定額まで損金計上が可能に

接待交際費は、損金計上を認めないのが原則ですが、**中小企業への優遇措置によって、一定額まで損金計上が認められています。**

資本金が1億円以下の企業は、

①**「年間８００万円」**

または、

②**「接待飲食費の50％」**

のどちらかを「接待交際費の上限」として選択することができます。

どちらを選ぶかは、事業年度ごとに選択することができます。

単純計算すると、

- **接待交際費が年間1600万円以下なら①**
- **接待飲食費が年間1600万円を超える場合は②**

を選ぶのが得策でしょう（②の接待飲食費とは、接待交際費のなかの飲食関連の費用を指し、お中元やお歳暮の費用などは該当しません）。

また、**1人あたりの費用が5000円以下の場合は「会議費」として処理することが可能**です。

例えば、取引先と総勢5名で会食をし、合計金額が2万円であれば、会議費として経費計上することができます。

会議費を設定しておけば、接待交際費の枠は使わないで済みます。

その際、飲食費における領収書は必要なので必ずもらい、参加した方の名前を明確にしておく必要があります。

3章

いざというときの「共済制度」と「団体保険」

「経営セーフティ共済」に加入する

突然の「もしも」に備えた共済制度

突然の取引先の倒産や災害などの有事の際、中小企業が受けるダメージは大きく、経営難に陥り、連鎖倒産などの可能性もあります。

そうした事態を防ぐため、**突然の「もしも」に備えた「経営セーフティ共済」（中小企業倒産防止共済）**があります。

経営セーフティ共済を運営している「中小企業基盤整備機構（中小機構）」とは、「国の中小企業政策の中核的な実施機関として、起業・創業期から成長期、成熟期に至るまで、企業の成長ステージに合わせた幅広い支援メニューを提供」（※「中小機構」ホームページ）して、中小企業の成長をサポートしている機関です。

現在、約59万社が加入し、貸付累計件数は約27万件、貸付累計額は約1兆9000億円にのぼっています（令和4年3月時点）。

91ページの条件に該当する中小企業者で、1年以上事業を行っており、「資本金額」「従業員数」のいずれかの要件に該当する会社や個人であれば加入することができます。

「経営セーフティ共済」をおすすめするポイントは次の5つです。

1　掛金の全額を損金に計上できる
2　40カ月以上掛金を納めると100％戻る
3　無担保・無保証人で掛金の10倍までの借入が可能
4　掛金の変更が自由自在
5　解約手当金の95％を一時貸付できる

掛金は損金に算入できます。また、要件を満たしていれば無担保・無保証人でそれまでの掛金の最高10倍（上限8000万円）まで借入することができます。

なお、掛金を損金に計上する場合は、確定申告時に必要書類の添付が必要となります。

「もしも」のときの連鎖倒産を防ぎ、資金調達手段として、資金繰りをバックアップしてくれるこの共済制度を使わない手はありません。

それでは、経営セーフティ共済のおすすめポイントのうち、3つをより詳しく、ご説明しましょう。

◎「経営セーフティ共済」加入の条件

個人の事業主または会社で下表の「資本金等の額」または「従業員数」のいずれかに該当する方

業　種	資本金等の額	従業員数
製造業・建設業・運送業その他	3億円以下	300人以下
卸売業	1億円以下	100人以下
小売業	5,000万円以下	50人以下
サービス業	5,000万円以下	100人以下
ゴム製品製造業	3億円以下	900人以下
ソフトウェア業または 情報処理サービス業	3億円以下	300人以下
旅館業	5,000万円以下	200人以下

※「経営セーフティ共済」パンフレット参考

おすすめポイント①

経営セーフティ共済の掛金の全額を損金に計上することができる

経営セーフティ共済の大きなメリットの一つが、**掛金の全額を損金計上できることです**。

経営者の方の中には、銀行に定期積立をされている方も多いと思いますが、積立金などを損金に計上することはできません。

そのため、定期積立の一部を損金計上し、簿外資産（帳簿に記載されない資産）の形成ができる経営セーフティ共済をぜひ活用していただきたいです。

実際、**取引先の倒産による資金回収リスクに備える以外に、掛金を損金計上できる積立金にするために加入されている企業もいらっしゃいます**。

掛金は、月5000円～20万円の範囲内（5000円単位）で自由に選べ、加入後も増額や減額ができます（ただし、減額には一定の要件が必要です）。**最大で800万円**まで積み立てることができます。

賢い経営者は決算直前に掛金の額を決めています。

決算前にキャッシュが潤沢なら年間240万円（上限額）を前納し、赤字、あるいはキャッシュアウトしたくないなら減額します。

掛金や支払い方法は次のように変更が可能です。

- **掛金を増額（月額5000円から月額20万円に変更する等）**
- **掛金を減額（月額20万円から月額5000円に変更する等）**

例えば、月払いで20万円ずつ掛けていた「経営セーフティ共済」を決算前に12カ月分前納すると、その年の共済掛金として480万円を損金計上することができます。

【3月決算の場合】

・3月～翌年2月まで、掛金20万円を月払いで支出。

↓（20万円×12カ月＝２４０万円）

・翌年3月、月払い掛金12カ月分を前納する。掛金２４０万円を支出。

合計４８０万円を損金計上することが可能

掛金の額は、会社の経営状況等によって賢く決めましょう。

経営セーフティ共済の
おすすめポイント②
解約すればいつでもキャッシュが生まれる

経営セーフティ共済は、有事の際、解約すれば解約手当金を受け取ることができます。

12カ月分以上の掛金を納付していれば、解約しても総額の8割以上の解約手当金を受け取ることができます。

掛金を40カ月以上納めていれば全額が受け取れますが、12カ月未満の場合は、掛捨てになってしまうので注意しましょう。

解約には、次の3種類があります。

任意解約

↓契約者が任意に行う解約

機構解約

↓契約者が12カ月以上の掛金を滞納したとき、または不正行為によって共済金の貸付を受けようとしたときなどに機構が行う解約

みなし解約

↓契約者が死亡（個人事業主の場合）、会社解散、会社分割（その事業の全部を継承させるものに限る）、事業全部譲渡のときはその時点で解約されたものとみなします（ただし、共済契約の継承が行われたときは解約になりません）。

※「経営セーフティ共済」パンフレット参考

◎セーフティ共済解約時の解約手当金額

掛金納付額	任意解約	機構解約	みなし解約
1カ月～11カ月	0%	0%	0%
12カ月～23カ月	80%	75%	85%
24カ月～29カ月	85%	80%	90%
30カ月～35カ月	90%	85%	95%
36カ月～39カ月	95%	90%	100%
40カ月以上	100%	95%	100%

※「経営セーフティ共済」パンフレット参考

解約手当金の額は、納付された月数に応じて異なります（※97ページ参照）。なお、一部解約はできません。解約の際は、書類確認後10日前後で入金され、入金確認後、新たに契約することができます。

ただし、解約して現金になると、雑収入扱いとなるので注意が必要です。黒字のときは税金がかかりますが、赤字・減価償却・欠損金などがあれば相殺されて税金は軽減されますので、**解約する際はタイミングを見極めるのが大切**です。

全額損金計上で簿外資産となっていたキャッシュを、タイミングを見て簿内に戻し、いつでも使うことのできるキャッシュにしておくことをおすすめいたします。

解約したあとに、また経営セーフティ共済に加入して再度タイミングを見て解約し、キャッシュを帳簿外から帳簿内に戻すなど、何度でも繰り返すこともできます。

おすすめポイント③

経営セーフティ共済の急な資金需要の際に対応できる

経営セーフティ共済は、取引先の倒産などの際に貸付が受けられ、無担保、無保証人で掛金の最高10倍（8000万円）まで借入が可能です。

貸付額は、回収困難となった売掛金債権等の額と掛金総額（前納掛金は除く）の10倍に相当する額のいずれか少ない額の範囲内で請求した額となり、その額に応じて払い戻しの償還期間が変わります。

また、**取引先が倒産していなくても、急に資金が必要となった場合、解約手当金の範囲内で貸付を受けることができる「一時貸付金」の制度**も用意されています。

機構解約手当金の95％を上限として、現在年間０・９％の利率で借入が可能です。

積立金額８００万円の場合、７６０万円までは借入可能です。

解約すると雑収入となり税金が発生しますが、解約しなければ、収益にはなりません。

収益にしたくない場合は、解約しないまま貸付という形で引き出して使うことができるのです。

経営セーフティ共済は、掛けっぱなしにしておくのではなく、良いタイミングで利用するのが賢い活用方法といえるでしょう。

◎一時貸付金の限度額

掛け金納付月数	一時貸付金の貸付限度額
1カ月〜11カ月	0円
12カ月〜23カ月	掛金総額×75%×95%
24カ月〜29カ月	掛金総額×80%×95%
30カ月〜35カ月	掛金総額×85%×95%
36カ月〜39カ月	掛金総額×90%×95%
40カ月以上	掛金総額×95%×95%
掛け金総額が800万円の場合	800万円×100%×95%(760万円)

(一時貸付金の償還期間日を経過した場合の取り扱い
償還期日後、5カ月を経過したあと、なお償還すべき一時貸付金、または納付すべき違約金がある場合、これらの額は納付した掛け金から控除します)

※「経営セーフティ共済」パンフレット参考

◎償還期間と償還方法

貸付額	償還期間	償還方法
5,000万円未満	5年	54回均等分割償還
5,000万円以上 6,500万円未満	6年	66回均等分割償還
6,500万円以上 8,000万円以下	7年	78回均等分割償還

(償還期間には据置期間6カ月を含みます)

※「経営セーフティ共済」パンフレット参考

「小規模企業共済」に加入する

小規模企業の経営者のための退職金制度

「小規模企業共済」もおすすめの制度の一つです。

従業員が20名以下の中小企業の経営者や役員、個人事業主のための積み立てによる退職金制度です。

経営セーフティ共済同様、独立行政法人である中小企業基盤整備機構が運営しているため安全性は高いでしょう。経営者が事業をやめたあとの備えとなる「経営者の退職金」という意味合いが強く、現在約159万人が加入している（令和4年3月末現在）共済制度です。

掛金は1カ月1000円から7万円で、増額・減額が可能です。

受け取りは「一括」「分割」「一括と分割の併用」を選択することができます。

基本的には途中解約はせずに、掛け続けるものと考えましょう。

なぜなら、一括で受け取る際の退職所得控除の計算の際に使われる期間は加入期間となります。加入期間が長くなると控除額が多くなります（※退職所得控除の計算式は196ページ参照）。

経営者や役員が個人の所得の中から、掛金を支出した場合、全額が所得控除となります。税制面でも優遇されているのです。


また、**共済金の受給権は差押禁止債権として保護**もされています（ただし、国税等の滞納の際には差し押さえとなってしまいます）。

家族で役員になっているならば全員で掛けておけば、万が一に備えることができます。再出発の際のスタート資金にすることもできます。

しかし、掛けていた期間が短いと解約したときに目減りしているケースも考えられるので注意が必要です。

次の項目から、小規模企業共済の詳細をお話ししましょう。

おすすめポイント①

小規模企業共済の

共済掛金は全額が所得控除＆一括受け取りで退職所得控除が使える

小規模企業共済の契約者は経営者個人のため、掛金は個人の所得の中から支出されます。

共済の月々の掛金1０００円～７万円（上限）は、個人の確定申告の際に、**掛金の全額が所得控除**となります。

掛金は５００円単位で、加入後も増額・減額することができます。

さらに小規模企業共済は、一括で受け取る際には退職所得控除の対象となるため、**二重に控除を受けられる珍しい制度**です。

一括受け取りの際、退職所得控除を計算するための「勤続年数」は「小規模企業共済の加入年数」となります。

例えば、法人の役員が小規模企業共済に月々1万円の掛け金で20年間加入し65歳で法人の役員を退任した場合、「共済金B」となり、一括受け取りの共済金額は265万8800円となります（106〜107ページ表参照）。

このケースの「退職所得控除額」は、加入年数20年ですので800万円となります（196ページ参照）。

共済金の金額は、立場や請求事由により変わります。

分割で受け取る場合は、「公的年金等の雑所得扱い」になり、公的年金と同じ扱いになるので注意しましょう。

◎共済金(解約手当金)について

(1)個人事業主の場合

共済金等の種類	請求事由
共済金A	・個人事業を廃業した場合 ・共済契約者の方が亡くなられた場合
共済金B	・老齢給付(65歳以上で180カ月以上掛金を払い込んだ方)
準共済金	・個人事業を法人成りした結果、加入資格がなくなったため、解約をした場合
解約手当金	・任意解約 ・機構解約(掛金を12カ月以上滞納した場合) ・個人事業を法人成りした結果、加入資格はなくならなかったが、解約をした場合

(2)法人(株式会社など)の役員の場合

共済金等の種類	請求事由
共済金A	・法人が解散した場合
共済金B	・病気、怪我の理由により、または65歳以上で役員を退任した場合 ・共済契約者の方が亡くなられた場合 ・老齢給付(65歳以上で180カ月以上掛金を払い込んだ方)
準共済金	・法人の解散、病気、怪我以外の理由により、または65歳未満で役員を退任した場合
解約手当金	・任意解約 ・機構解約(掛金を12カ月以上滞納した場合)

(3)共同経営者の場合

共済金等の種類	請求事由
共済金A	・個人事業主の廃業に伴い、共同経営者を退任した場合 ・病気や怪我のため共同経営者を退任した場合 ・共済契約者の方が亡くなられた場合
共済金B	・老齢給付(65歳以上で180カ月以上掛金を払い込んだ方)
準共済金	・個人事業を法人成りした結果、加入資格がなくなったため、解約をする場合
解約手当金	・任意解約 ・機構解約(掛金を12カ月以上滞納した場合) ・共同経営者の任意退任による解約 ・個人事業を法人成りした結果、加入資格はなくならなかったが、解約をする場合

※「中小機構」ホームページ参考

◎共済金の額

(例)掛金月額1万円で、加入した場合

掛金納付年数	5年(掛金合計額:60万円)
共済金A	62万1,400円
共済金B	61万4,600円
準共済金	60万円

掛金納付年数	10年(掛金合計額:120万円)
共済金A	129万600円
共済金B	126万800円
準共済金	120万円

掛金納付年数	15年(掛金合計額:180万円)
共済金A	201万1,000円
共済金B	194万400円
準共済金	180万円

掛金納付年数	20年(掛金合計額:240万円)
共済金A	278万6,400円
共済金B	265万8,800円
準共済金	241万9,500円

※共済金額は共済契約者の立場や請求事由によって、共済金の種類が異なります(※右ページ参照)。
※「中小機構」ホームページ参考

おすすめポイント②

小規模企業共済の
いざというときには一時貸付を受けられる

老後の資金をつくるといえば、iDeCo（個人型確定拠出年金）と企業型DC（企業型確定拠出年金）を思い浮かべる方が多いのではないでしょうか。

iDeCoや企業型DCは原則として60歳になるまでは引き出すことができません。

将来のリスクには備えられますが、目の前のリスクには対応できないというデメリットがあります。

それに比べて、**小規模企業共済は、経営セーフティ共済と同様、いざというときは納付期間に応じた貸付限度額の範囲内で借入が可能**です。

利率は金利情勢等により設定されますが、令和5年1月末現在、年利0・9%～1・5%です。

もしもの際に、途中で引き出せることができるのは会社を経営する経営者にとっては、一つの安心材料になります。

今この時代は、数カ月後の未来が見えない時代です。

経営者にとっても何があるかわからない時代ですので、キャッシュが眠ってしまうiDeCoや企業型DCはリスクがあるとも捉えられます。

また、iDeCoや企業型DCは目減りの可能性もあるため、経営者にとっては小規模企業共済のほうが安心ではないでしょうか。

掛金の全額が所得控除となり、受け取る際にも退職所得控除の対象となる小規模企業共済は経営者にとって、とてもメリットの大きい共済制度といえます。

団体保険割引を利用する

損害保険などの保険料は基本掛け捨て

損害保険などは基本、保険料は掛け捨てとなるため、補償内容が同等であれば、保険料は安いほうが良いのではないでしょうか。

「商工会議所」「商工会」「中小企業団体中央会」「日本医師会」「日本弁護士連合会」等の経済団体や組合など、これらの団体のスケールメリットを活用することにより、**補償内容は同等で保険料を30%~58%も抑える**ことができます。

皆さんの会社でもきっと、商工会議所などの経済団体や業界の組合など、多くの団体に所属していることと思われます。にもかかわらず、この割引制度を使われていない会社が意外と多いようです。

会報誌などでは案内されているのですが、日々多くの業務に追われ忙しくして

◎団体保険の種類（※一部のみ）

ビジネス総合保険

情報漏えい賠償責任保険

業務災害補償保険

休業補償保険

所得補償保険

海外知財訴訟費用保険

輸出取引信用保険

中小企業海外 PL 保険

医療保険

がん保険　　等

いる経営者の方の目に留まることは難しいかもしれません。

もし、現在どこかの団体に所属しているのであれば、調べて確認してみるのが良いでしょう。団体に所属していないのなら、このために所属するのを検討してみるのはいかがでしょうか。

代表的な団体には、「日本商工会議所」や「全国中小企業団体中央会」があります。その他、各業界の組合などもあります。


団体割引を利用するには、所属している団体や組合に連絡するか、今取引のある保険会社に連絡をするだけです。

団体に入ることで受けられる特典はたくさんあります。

例えば、低い金利で融資を受けることができたり、経営に関することについて士業や専門家へ相談することもできます。

中でも一番のメリットは、経営者にとって有益となる補助金・助成金等の様々な中小企業を応援する国の政策などの情報を、いち早く正確に知ることができることではないでしょうか。

医療保険・がん保険を福利厚生にする

保険料を損金計上できる

多くの方は、個人の可処分所得の中から、民間の医療保険やがん保険、介護保険の保険を支払っているのではないでしょうか。

一般的には医療保険は個人で加入すべきだと思われていますが、福利厚生として、法人で契約をすることにより、保険料の全額を損金計上することができます。入院事故等で給付金を受ける際には、個人が受け取ることも可能です。また、**個人で受け取った際の給付金は非課税**となります。

医療保険・がん保険・3大疾病保険等、第3分野と言われている保険を福利厚生制度として検討してみてはいかがでしょうか。

個人で契約をする場合は、申告をする際に年間8万円以上の保険料で4万円の所得控除を受けることができますが、法人では、契約形態により上限なく損金にすることが可能です。

福利厚生とするには、すでにお伝えしたように、対象者を役員・従業員の全員とする必要があります。その他にも要件がありますので、加入の際は、細かいルールを確認した上で契約をしましょう。

また、令和元年の改正により、第3分野の法人保険に関して「一法人につき年間保険料30万円まで全額損金」とすることもできる等のルールが明確にされました。

一例として、終身の医療保険・がん保険・介護保険等を契約する際、法人を契約者として、経営者を被保険者とし、保険料の払込期間を退任年齢に合わせて設定、在任中に保険料の支払いが終わるように契約をします。退職する際には法人から経営者個人に名義を変更すれば、個人から保険料を支出することなく、一生涯の終身医療保険・がん保険等を準備することが可能となります（契約者が法人の間は保険事故により給付金を受け取る際は、法人受け取りとなり益金になります）。

4章

「助成金」や
「補助金」を申請する

「助成金」や「補助金」を申請する

返済の必要がないキャッシュをつくることができる

国や地方公共団体は、企業や個人事業主の事業拡大、社内環境の改善、研究開発を支援するための様々な制度を設けています。

中でも活用したいのが、**「給付金」「助成金」「補助金」**です。

この制度を知っている経営者は、これらを上手に活用し、設備投資や人材育成を計画的に実施しています。

「給付金」「助成金」「補助金」の3つに共通するのは、**返済の必要がない**ことです。

要件を満たしていれば、申請することによって（補助金に関しては採択されれば）、会社のキャッシュをつくることができますので、要件に当てはまるものがあれば、ぜひ申請することをおすすめします。

中でも、**給付金は速やかに現金が支給される**のが特徴で、急激に景気が冷え込んだときなどに、倒産防止や雇用確保のために設けられます。

新型コロナウイルスが流行し始めてからは、「持続化給付金」「休業協力金」「企業応援金」など、様々な給付金が出されました。

大規模な自然災害や世界的な危機が訪れた際に給付されるイレギュラーなものとも言えるため、ここでは毎年予算が組まれる、助成金と補助金について詳しく見ていきます。

まず、赤木社長と青山社長の例をご紹介しましょう。

次のページをご覧ください。

◎助成金を活用していない赤木社長の場合

1. 月給制の従業員を有期雇用で採用し、
実力を見極めその後、5名を正社員化した

0円

2. パート4名の内、50歳以上の有期雇用2名を無期転換した

0円

3. 女性の正社員が出産し、育休をとり、現職復帰してきた

0円

4. 従業員が親の介護をするのに、5日間の介護休業をとった

0円

合計額　0円

青山社長と同じことをしても、助成金を知らずに申請しなければ１円も受け取れません。

助成金を活用している経営者と活用していない経営者とでこれだけキャッシュに差が出ます。

◎助成金を活用している青山社長の場合

1. 月給制の従業員を有期雇用で採用し、
　実力を見極めその後、5名を正社員化した

キャリアアップ助成金（正社員化コース）　を申請

◎助成金額　5名×57万円＝285万円

2. パート4名の内、50歳以上の有期雇用2名を無期転換した

65歳超雇用推進助成金
（高年齢者無期雇用転換コース）を申請

◎助成金額　2名×48万円＝96万円

3. 女性の正社員が出産し、育休をとり、現職復帰してきた

両立支援等助成金（育児休業等支援コース）　を申請

◎助成金額
休業取得時28.5万円＋職場復帰時28.5万円＝57万円

4. 従業員が親の介護をするのに、5日間の介護休業をとった

両立支援等助成金（介護離職防止支援コース）　を申請

◎助成金額
休業取得時28.5万円＋職場復帰時28.5万円＝57万円

助成金受給合計額　495万円

助成金の制度をきちんと理解し申請していた青山社長と、助成金の制度を知らずに申請していなかった赤木社長では、**1年で約500万円も使えるキャッシュに差**が出ています。

助成金について知っているか知らないかというだけで、これほどの差が出てしまうのです。

赤木社長のように知らずに申請しないのは、実にもったいないです。

それぞれの特徴について知った上で、ぜひ申請を検討してみることをおすすめします。

「助成金」と「補助金」の特徴

助成金は100%受け取れるが補助金は採択方式

早速、「助成金」と「補助金」のそれぞれの特徴について見ていきましょう。

どちらも会社にキャッシュをつくることができるという点は同じですが、支給されるタイミングや申請方法等、もろもろ異なります。

助成金

要件に該当し申請すれば、100%受け取ることができます。

雇用促進や人材教育などに取り組む企業を支援する支援制度です。

雇用保険（労災保険の場合もあります）を支払っている個人事業主や法人が対象となります。

おもな財源は雇用保険料（労働保険料）であり、厚生労働省の所管になっています。助成金制度に該当する従業員の処遇改善や人材教育を実施した上で申請します。

助成金要件の取り組み、審査等もありますので、取り組みから受給まである程度時間がかかります。

補助金

要件に該当すれば申請できますが、採択方式であるため、採択されなければ受け取ることはできません。

個人事業主や法人の事業拡大や設備投資を支援する制度で、法人税や所得税が財源となっており、おもに経済産業省の所管になっています。そのため、確定申告をしていること、税金の未納がないことが条件です。

また、法人税や所得税が優遇されている一般社団法人・医療法人・協同組合といった法人は対象とならないケースも多いです。必ず募集要項や事務局で確認しましょう。

補助金は種類にもよりますが、設備投資や事業拡大に使った経費の50％から75％に当たる金額をあとから補助されるため、仮に補助率１／２で１０００万円の補助金が採択されたとしたら、２０００万円は先に支払っていることになります。キャッシュフローや事業の実施体制を確認した上で計画的に活用すれば、すべて自己資金で設備投資をするよりも、負担額を減らすことができます。

ただし、「給付金」「助成金」「補助金」は、原則課税対象となっています。雑所得として計上されます。経費で相殺できますが、申請する際には顧問税理士と相談して計画的に利用することが重要です。

一度しか申請できないものや、毎年度申請できるもの、予算がある限り何度でも申請できるものなど、様々な種類があります。

毎年助成金や補助金を活用し、１００万円や１０００万円も給付されている会社もあります。

申請できるものがある場合は、積極的に申請されてはいかがでしょうか。

受給した「助成金」は会社のキャッシュになる

条件を満たせば申請ができる

助成金は、従業員を雇用していて、雇用保険をかけている会社であれば、多くの業種で活用できます。

申請する助成金の要件さえ満たしていれば、申請が可能です。

受給した助成金の用途を問われることは基本ありません。

助成金のおもな財源は雇用保険料（&労働保険料）です。

雇用保険料を支払っていれば、条件を満たしたタイミングで助成金を申請して受け取ることができます。

また、雇用しているアルバイトを正社員にする（キャリアアップ助成金）など、日常的に行われていることなどが申請の要件になっているのも特徴で、補助金に比べると受給のハードルは低いため、申請できるものは申請し、上手に活用しましょう。

厚生労働省が47都道府県に開設している**「働き方改革推進支援センター」では、利用できる助成金を案内**してくれます。就業規則や36協定などの相談にも応じてくれるので、気軽に足を運んでみましょう。

他にも、厚生労働省のサイトやハローワークにも冊子があるので、それらを確認するのも良いでしょう。

申請の際は、就業規則や社内規程を整備する必要が出てきたり、資料の作成が必要となります。また書類の提出についても期日厳守、管理が必要です。

そのため、スムーズに申請するためには、専門家からサポートを受けることをおすすめいたします。

おすすめの助成金①

「キャリアアップ助成金」アルバイトや契約社員を正社員に採用する

「キャリアアップ助成金」とは、アルバイトやパートタイマー、派遣労働者といった非正規雇用労働者のキャリアアップを促進するための助成金のことで、大きく次の7つに分かれています。

1. 正社員化コース
2. 障害者正社員化コース
3. 賃金規定等改定コース
4. 賃金規定等共通化コース
5. 賞与・退職金制度導入コース

6. 選択的適用拡大導入時処遇改善コース

7. 短時間労働者労働時間延長コース

中でも利用しやすいのが「正社員化コース」です。

これは、アルバイト、パートタイマー、派遣労働者などを正社員に転換し、直接雇用した場合に適用されるものです。

おもな要件は、次のとおりです。

- **就業規則に正社員への転換規定を盛り込む**
- **正社員へ転換**
- **賃金が3%以上増額している（転換前6カ月と比較）**
- **正社員への転換後、6カ月の賃金の支払い**

など

例えば、従業員を新規採用するとき、はじめから正社員として採用するのではなく、研修期間（有期雇用期間）を半年以上設け、正社員としての実力を見極めた上で、正社員に登用、そのタイミングで３％の昇給を実施します。

こうすることで、労働者の意欲を上げ生産性を向上するとともに、企業側としても助成金を受給できるというわけです。

支給額は、従業員の処遇改善のパターンによって異なります。

次の通りです。

有期→正規　１人あたり57万円
無期→正規　１人あたり28万５０００円

例えば、雇用期間が通算６カ月以上の有期雇用労働者を正社員にした場合を考えてみましょう。

この場合、1人あたり57万円が支給されますが、さらに生産性が一定程度向上したと認められると、72万円にアップします。

1年度1事業所につき年間20名まで受給可能となっています。

ぜひ、申請を検討してみてください。

おすすめの助成金②

「65歳超雇用推進助成金」

50歳以上の従業員の雇用を促進する

「65歳超雇用推進助成金」とは、高齢者が意欲と能力がある限り、年齢に関わりなく働ける社会を構築していくためのもので、次の3つのコースで構成されています。

1. 65歳超継続雇用促進コース
2. 高年齢者評価制度等雇用管理改善コース
3. 高年齢者無期雇用転換コース

ここでは「65歳超継続雇用促進コース」と「高年齢者無期雇用転換コース」に

ついて、ご紹介しましょう。

「65歳超継続雇用促進コース」は、「65歳以上への定年引上げ」「定年の定めの廃止」「希望者全員を66歳以上の年齢まで雇用する継続雇用制度の導入」「他社による継続雇用制度の導入」のいずれかを実施した事業主に対して助成が行われます。

例えば、60歳以上の従業員が10人以上いる場合、70歳以上までに定年を引き上げると、105万円が支給されます。人数や年齢によって金額は異なります。

「高年齢者無期雇用転換コース」は、**50歳以上かつ定年年齢未満の有期契約労働者を無期雇用労働者に転換**した場合に適用されるものです。

ただし、対象者が入社6カ月以上5年以内である必要があります。

助成金額は**1名あたり48万円**（生産性要件を満たした場合は60万円まで増額あり）で、年間10人までが対象となります。

高齢化社会を考えると、何歳になっても働ける環境を提供するのは、これからの経営者の使命だと思います。特に年齢層が高い会社はこの助成金はおすすめです。

おすすめの助成金③

「人材確保等支援助成金（テレワークコース）」

すでに導入している企業も申請できる

「人材確保等支援助成金（テレワークコース）」は、コロナ禍が拡大した令和3年度に新設されました。

この制度はテレワークを制度として導入・実施することで、人材確保や雇用管理の改善などの効果をあげた中小企業事業主が助成の対象となります。

例えば、テレワークに必要なネットワーク機器やウェブ会議関係機器、外部専門家によるコンサルティング費用などが対象になります。

助成対象となる取り組み（申請要件）は**「機器等導入助成」**と**「目標達成助成」**

の2つで、受給要件は次のとおりです。

機器等導入助成

・テレワーク実施計画を作成し、管轄の労働局に提出してその認定を受けること
・テレワークに関する内容を規定した就業規則または労働協約を整備すること
・テレワーク実施計画に基づき、実際にテレワークに取り組むこと
・その際、1回以上、対象の従業員全員がテレワークを実施するか、従業員が週平均1回以上テレワークを実施すること
・メッセージ発信を行うなど、テレワークを実施しやすい職場風土づくりの取り組みを行うこと

目標達成助成

・評価時の離職率が、計画時の離職率以下であること
・評価時の離職率が30％以下であること
・評価期間初日から12カ月を経過した日からの3カ月間に、1回以上テレワー

クを実施した従業員数が、テレワーク実施対象者と同等以上の割合になっているこ と

いずれも、それほど難しい要件ではないといえるでしょう。

支給額は**「機器等導入助成」の場合、支給対象となる経費の30%**です。

ただし、「1企業あたり100万円」、または、「テレワーク実施対象従業員1人あたり20万円」のいずれか低いほうの金額が上限となります。

「目標達成助成」は、支給対象となる経費の20%が支給されます（生産性要件を満たす場合は35%）。

「機器等導入助成」同様、「1企業あたり100万円」、または、「テレワーク実施対象従業員1人あたり20万円」のいずれか低いほうの金額が上限となります。

コロナ禍でテレワークを導入した企業は、申請を検討してみてはいかがでしょうか。

補助金は採択方式
手間はかかるが支給額が大きい

補助金は、助成金と比べると支給額が大きいです。

しかし、申請したからといって必ずしも受給できるわけではありません。

補助金の採択率は2～8割となっており、種類によって採択率が大きく異なりますので、採択率が高いものなら申請をおすすめします。

補助金の申請は、年に何度か締め切りがあります。

しかし、締め切りが近づくほど他の会社も申請を行うため申請数は増え、採択率は下がっていく傾向にあります。

期日をチェックしたら、早めに申請するのが良いでしょう。

補助金は一般的に1カ月程度の公募期間が設けられており、その間に提出書類を提出して申請しますが、申請するときに提出する事業計画書の内容で支給の可否が決まるため、**提出書類が極めて重要**となります。

また、採択件数や金額が決まっていることが多いため採択率に差があります。

補助金は申請が採択されたあとすぐに受給できるわけではありません。

企業は事業計画書どおりに事業を進め、納品、支払いまで完了してから事業報告書や支払証憑類を提出します。こうした手続きがすべて不備なく終わると、補助金を請求することができます。

そのため、補助金を当てにせずに事業を進めるだけの金額を準備する必要があります。

注意しないといけないのは、**交付決定前に着手したものは補助対象外経費となってしまう**などの要件があることです。

また、支払いも実績報告提出期限までに、原則銀行振り込みでなされる必要があります。

例えば、クレジットカードで支払った場合、銀行口座から引き落とされたときが支払いの完了日となりますので、クレジットカードで支払った日が実績報告提出期限内だったとしても、口座から引き落とされたのが実績報告提出期限を過ぎていたら補助対象外経費となってしまいます。

このようなこともありますので、**期限には細心の注意が必要**です。

補助金は助成金に比べると労力がかかりますし、採択制という特徴がありますので、申請するかどうかはしっかりと検討しましょう。

おすすめの補助金①

「事業再構築補助金」

「通常枠」は最大8000万円

新分野展開や業態転換など、業界再編や規模の拡大を目指す企業や団体を支援する補助金です。

大きなメリットは、**予算規模が桁外れに大きい**ことでしょう。

個人事業主でも最大8000万円まで申請することができます。

「通常枠」は従業員数によって段階的に補助上限金額が2000万円〜8000万円と決まっています。

申請の要件は、大きく次の3つとなります。

・コロナ禍の影響によって売上が10%以上減少していること

・新分野展開、業態転換、事業・業種転換などを行うこと
・認定経営革新等支援機関（国の認定を受けた中小企業診断士、金融機関など）と事業計画を策定すること

ちなみに、令和3年11月末に発表された第3次事業再構築補助金の採択率（通常枠）は44・42％となっています。

事業再構築補助金には、6つのカテゴリーがありますが、中小企業が活用しやすいのは最も一般的な「通常枠」です。

【例】第9回公募（2023年3月締切）通常枠の補助額
従業員数20人以下……補助額100万円～2000万円
従業員数21～50人……補助額100万円～4000万円
従業員数51人以上……補助額100万円～6000万円
従業員数101人以上……補助額1000万円～8000万円

補助率は従業員規模により変わります。

ちなみに、グリーン成長枠は、中小企業で最大1億円、中堅企業なら最大1・5億円が上限となっています。

事業再構築補助金は、認定経営革新等支援機関のサポートを受けながら事業計画を策定することが必須です。

補助額が3000万円を超える場合は、金融機関と共同で事業計画を策定することが必要となります。

申請の締め切りから2カ月半ほどで採択結果が発表され、それから正式な見積書を添えた交付申請を経て事業実施となります。

納品、支払いまでが終われば実績報告、立ち入り検査、補助金請求、入金、5年間の事業報告という流れとなります。

採択後も労力はかかりますが、建物のリフォーム、設備投資、システム構築、広告宣伝など幅広い経費に活用することができます。

金額が大きい補助金ですので、チャンスと捉えている経営者は多いです。

おすすめの補助金②

「ものづくり補助金」

中小企業に馴染みの深い、設備投資を支援する補助金

「ものづくり補助金（正式名称：ものづくり・商業・サービス生産性向上促進補助金）」は、個人事業主や創業間もないスタートアップ企業でも利用できる補助金の一つです。

革新的な製品・サービスの開発や、生産プロセスの改善などに役立つ設備投資に対して支給されます。

物価高、事業環境への対応やＧＸ・ＰＸ等への投資、賃上げや海外展開に前向きに取り組む中小企業を支援するために用意されています。

現在、ものづくり補助金は、次のような5つの枠組みで実施されています。

通常枠

・補助上限額……従業員5人以下：750万円
6〜20人：1000万円
21人以上：1250万円

・補助率は原則2分の1（小規模事業者、再生事業者は3分の2）。

回復型賃上げ・雇用拡大枠

業況が苦しいながら賃金アップ・雇用拡大を支援する特別枠。

・補助上限額……従業員5人以下：750万円
6〜20人：1000万円
21人以上：1250万円

・補助率は3分の2。

デジタル枠

DXに寄与する先進的な技術の導入を支援。

・補助上限額……従業員5人以下：750万円
6～20人：1000万円
21人以上：1250万円

・補助率は3分の2。

グリーン枠

温室効果ガスの排出削減に寄与する製品の開発事業者などを対象に支援。

・補助上限額

エントリー………初歩的な取り組みも対象になる
従業員５人以下：７５０万円
６人～20人：１０００万円
21人以上：１２５０万円

スタンダード……従来のグリーン枠
従業員５人以下：１０００万円
６～20人以下：１５００万円
21人以上：２０００万円

アドバンス………要件を満たす高度な取り組み
従業員５人以下：２０００万円
６～20人以下：３０００万円
21人以上：４０００万円

・補助率は3分の2。

グローバル市場開拓枠

海外事業の拡大・強化等を目的とした革新的な製品・サービス開発等に必要な設備・システム投資等を支援。海外展開の手法により、次の4類型で対応。

4つの「類型」……海外直接投資
海外市場開拓（JAPANブランド）
インバウンド市場開拓
海外事業者との共同事業

・補助上限額……3000万円

・補助率は原則2分の1（小規模事業者は3分の2）。

これらの補助金は、毎年度3～4回募集されています。

労力の大きな補助金ですが、年度ごとに数回受け取っている企業もあります。

うまく設備投資に活用できれば、小さな自己資金で事業を拡大することができます。

おすすめの補助金③

「IT導入補助金」

ソフトウェアやパソコン、タブレットなどの購入費を補助

「IT導入補助金」は、**中小企業が自社の経営課題や市場のニーズに合ったITツールを導入する際、その費用に対して支給される補助金**です。

「通常枠」「セキュリティ対策推進枠」「デジタル化基盤導入類型」等が設定されています。

通常枠

ITツールの導入によって、業務の効率化や売上アップを図る事業者が対象。

補助対象は現状、ソフトウェア費やクラウド利用料等です。

補助額は、

・A類型「30万～150万円未満」
・B類型「150万～450万円以下」

の2つに分かれ、補助率はいずれも2分の1以内となっています。

つまり、新しいソフトウェアの導入にあたって、自己負担が半額程度になる補助金と認識すると良いでしょう。

セキュリティ対策推進枠

サイバー攻撃のリスクに備える独立行政法人情報処理推進機構が好評する「サイバーセキュリティお助け隊サービスリスト」に掲載されているサービスを利用した場合、サービス利用料が補助されます。

補助額は5万円～100万円で、補助率は2分の1以内です。

デジタル化基盤導入類型

2023年10月からのインボイス対応も見据えた企業間取引のデジタル化を推進するIT導入を支援する制度で、補助率が通常枠よりも引き上げられています。補助対象は、ソフトウェアだけでなく、PC、タブレット、レジ、券売機などのハードウェアの購入費も含まれます。

補助額は、

・ITツール→5万円～50万円以下（補助率3／4以内）
　　　　　50万円～350万円以下（補助率2／3以内）
・パソコン等→10万円まで（補助率1／2以内）
・レジ等　→20万円まで（補助率1／2以内）

となっています。

「IT導入補助金」は締め切りが頻繁に設けられており、審査結果の発表までが1カ月程度と短いですが、交付決定がおりればすぐに導入に移すことができます。納品、支払いまで完了すれば、実績報告、補助金請求、入金、3年間の事業報告を行います。

事業再構築補助金、ものづくり補助金と比べると労力は小さいといえるでしょう。

助成金・補助金の情報の集め方

新たにスタートするものもあるので定期的にチェックする

助成金、補助金の情報は毎年更新されます。そのため、**定期的に対象となりそうな制度を確認することをおすすめします。**

助成金は、毎年4~5月頃に受付をスタートする制度が多いので、**2~3月の間に準備を進めると、スムーズに申請することができます。**

各地の商工会議所や商工会、よろず支援拠点などを活用すれば、無料でサポートを受けることができますし、金融機関がサポートしてくれることもあるので、取引のある金融機関に確認するのも良いでしょう。

助成金は社会保険労務士、補助金は士業・商工会議所等がサポートしています。

手付金や成功報酬が必要となりますが、労力や採択率を考えるとサポートを依頼したほうが良いでしょう。

申請できそうな助成金・補助金の情報は次のような方法で探しましょう。

・厚生労働省で運営している検索ツール
・中小企業庁や中小企業整理機構などで運営しているポータルサイト
・行政のＨＰ
・商工会議所・商工会や金融機関に問い合わせる

助成金や補助金は予算がなくなり突然終了することもありますので、、該当するものがあれば、早めに申請を検討することをおすすめします。

◎助成金・補助金のおすすめ情報サイト

助 成 金

厚生労働省「雇用関係助成金検索ツール」

https://www.mhlw.go.jp/stf/seisakunitsuite/bunya/koyou_roudou/koyou/kyufukin/index_00007.html

※「取組内容」と「対象者」などから検索できます。

助成金制度推進センター

https://sppo.jp/about/

※多くの助成金の中から、厚生労働省関係の助成金について、該当する可能性のあるものを探してくれる民間機関です。

補 助 金

J-Net21

https://j-net21.smrj.go.jp/snavi/

※独立行政法人中小企業基盤整備機構が運営するサイトです。

ミラサポ plus

https://mirasapo-plus.go.jp/

※中小企業庁担当者に聞く「事業再構築補助金のポイント」なども掲載されています。

経済産業省 YouTubeチャンネル

https://www.youtube.com/@metichannel

※「事業再構築補助金についていろいろ聞いてみた!」など、ためになる動画が公開されています。

5章

「減価償却」の仕組みを知る

減価償却の基本を理解しよう

減価償却費を損金計上できる

経営者の方々にぜひ知っていただきたいのは、**減価償却**です。

減価償却とは、会社が減価償却資産を購入したときに、その支出額を耐用年数に応じ、数年に分けて損金計上することを言います。

計画的に課税所得を圧縮できるため、法人税を軽減できます。

減価償却資産とは、一般的に時の経過等によってその価値が減っていく資産のことで、事業などの業務のために用いられる車、建物、ソフトウェア、機械、器具、家畜、樹木などが該当します。

また、耐用年数とは減価償却できる年数のことです（これは国税庁のホームページで確認できます）。

つまり、**減価償却をすると、資産を購入した翌年以降にキャッシュは出ていかないのに、その金額を損金計上できる**ということです（原則計上しなければなりませんが、税務上は任意となります）。

減価償却できる資産があるのであれば、積極的に減価償却することをおすすめいたします。

ここでは、減価償却の基本について学んでいきましょう。

減価償却費の計算方法は2種類ある

「定額法」と「定率法」のどちらで計算するか見極める

減価償却の計算方法には、「定額法」「定率法」の2種類があります。

定額法

毎年一定額を減価償却費として計上する方法のこと。定率法よりもシンプルであり、資産計画が立てやすいというメリットがあります。

〈計算方法〉

減価償却費 ＝ 取得価額 × 定額法の償却率

※償却率とは、耐用年数に応じて定められた割合のこと

【例】取得価額100万円、耐用年数10年の減価償却資産の場合
耐用年数10年の場合、定額法の償却率は0・1なので、毎年の減価償却費は100万円×0・1＝10万円となります。

定率法

一定の割合で減価償却していく方法のこと。耐用年数ごとに定められています。
購入した年の償却費は大きいですが、毎年、償却費が少なくなります。

〈計算方法〉
減価償却費＝未償却残高（取得価額－減価償却累計額）×定率法の償却率
【例】取得価額100万円、耐用年数10年の減価償却資産の場合
1年目は取得価額100万円に率をかけます。2年目以降は残存額に対して、また償却率をかけていきます。

「定額法」か「定率法」か、どちらで計算するかは、基本的には資産の種類によって決められています。ただし、税務署へ届出することにより償却方法を資産ごとに変更することもできるので、双方の特徴を知っておくと良いでしょう。

法人税の軽減を目的とした場合は、新規取得時は法定償却方法のほうが有利なケースが多いと言えるでしょう。

ただし、会社全体として常に法定償却方法のほうが償却費が多くなるとも限りませんので、定期的に他の償却方法による償却額を試算して、有利か否か検証してみることをおすすめいたします。

定額法は毎年同じ金額を経費計上するため、資金計画を立てやすいという利点がありますが、どちらの計算方法で計算するのが良いのかは、会社の方針等を考慮し、顧問税理士と相談すると良いでしょう。

◎減価償却資産の償却率表

（一部抜粋）

耐用年数	平成19年4月1日以降取得	平成24年4月1日以降取得			耐用年数	平成19年4月1日以降取得	平成24年4月1日以降取得		
	定額法償却率	200%定率法				定額法償却率	200%定率法		
		償却率	改定償却率	保証率			償却率	改定償却率	保証率
2	0.500	1.000	—	—	27	0.038	0.074	0.077	0.02624
3	0.334	0.667	1.000	0.11089	28	0.036	0.071	0.072	0.02568
4	0.250	0.500	1.000	0.12499	29	0.035	0.069	0.072	0.02463
5	0.200	0.400	0.500	0.10800	30	0.034	0.067	0.072	0.02366
6	0.167	0.333	0.334	0.09911	31	0.033	0.065	0.067	0.02286
7	0.143	0.286	0.334	0.08680	32	0.032	0.063	0.067	0.02216
8	0.125	0.250	0.334	0.07909	33	0.031	0.061	0.063	0.02161
9	0.112	0.222	0.250	0.07126	34	0.030	0.059	0.063	0.02097
10	0.100	0.200	0.250	0.06552	35	0.029	0.057	0.059	0.02051
11	0.091	0.182	0.200	0.05992	36	0.028	0.056	0.059	0.01974
12	0.084	0.167	0.200	0.05566	37	0.028	0.054	0.056	0.01950
13	0.077	0.154	0.167	0.05180	38	0.027	0.053	0.056	0.01882
14	0.072	0.143	0.167	0.04854	39	0.026	0.051	0.053	0.01860
15	0.067	0.133	0.143	0.04565	40	0.025	0.050	0.053	0.01791
16	0.063	0.125	0.143	0.04294	41	0.025	0.049	0.050	0.01741
17	0.059	0.118	0.125	0.04038	42	0.024	0.048	0.050	0.01694
18	0.056	0.111	0.112	0.03884	43	0.024	0.047	0.048	0.01664
19	0.053	0.105	0.112	0.03693	44	0.023	0.045	0.046	0.01664
20	0.050	0.100	0.112	0.03486	45	0.023	0.044	0.046	0.01634
21	0.048	0.095	0.100	0.03335	46	0.022	0.043	0.044	0.01601
22	0.046	0.091	0.100	0.03182	47	0.022	0.043	0.044	0.01532
23	0.044	0.087	0.091	0.03052	48	0.021	0.042	0.044	0.01499
24	0.042	0.083	0.084	0.02969	49	0.021	0.041	0.042	0.01475
25	0.040	0.080	0.084	0.02841	50	0.020	0.040	0.042	0.01440
26	0.039	0.077	0.084	0.02716					

※「国税庁」ホームページ参考

中古資産の耐用年数は「簡便法」で算出する

新品よりも短期間で償却できる

一般的に、耐用年数は「購入した資産が何年使用できるか？」という考えにもとづいているため、中古の資産は新品よりも耐用年数が短くなります。

それはつまり、**中古の資産は、新品で購入したものより短期で償却できる**ことを意味します。

中古資産の場合は、耐用年数は**「簡便法」**で算出することができます。

これは、中古で取得した資産が、取得した時点で法定耐用年数のうち、すでに何年経過しているかによって、それぞれの計算式により耐用年数を算出する方法のことです。

例を見てみましょう。

※注：①1年未満の端数があるときは、その端数を切り捨てます
②算出された年数が2年に満たない場合は2年とします

新品の法定耐用年数の全部を経過した資産

〈計算式〉
中古の耐用年数＝法定耐用年数×20％

【例】40年経った鉄筋コンクリート造の建物（車庫）の場合
鉄筋コンクリート造の車庫の法定耐用年数は38年だが、購入してからすでに40年が経っている。そのため、このケースでは耐用年数は7年となる。

38年×20％＝7年

新品の法定耐用年数の一部を経過した資産

〈計算式〉

中古の耐用年数＝（法定耐用年数－経過年数）＋（経過年数×20％）

【例】10年経った鉄筋コンクリート造の建物（車庫）の場合

法定耐用年数は38年だが、購入してから10年が経っている。

そのため、このケースでは耐用年数は30年となる。

（38年－10年）＋（10年×20％）＝28年＋2年＝30年

法人税法上、会社が減価償却費を計上しない場合には損金となりません。そのため、**減価償却費はタイミングを検討して計上することが可能**です。

また、減価償却資産を取得しても経費計上せず、資産のままにしておくことも可能です。

つまり、**黒字の場合には適切に減価償却をしつつ、赤字の場合には減価償却費を抑制することができる**というわけです。

ただ、法人税法上は問題なかったとしても、会社法上は毎期規則的な償却等が求められています。実際の検討時には税理士などの専門家に相談をされることをおすすめします。

知っておきたい減価償却制度①「一括償却資産の3年均等償却」

20万円未満の資産は3年で償却できる

減価償却には、例外規定や優遇制度があります。

中でも知っておきたいのが「一括償却資産の3年均等償却」です。

これは、**取得価額が20万円未満の減価償却資産については、耐用年数にかかわらず、一律3年間で取得価額の3分の1ずつ償却できるという制度**のこと。

通常の減価償却資産は、種類により耐用年数が異なりますが、一括償却資産として計上する場合は、3年間で均等に償却することができ、期中のどの時点で取得しても月割計算の必要はありません。

取得価額が20万円未満であるかどうかは、通常の1単位（1台、1個、1組など）で判断し、複数の資産がある場合はまとめて計上することができます。

【例】3月決算の企業が、Ⓐ、Ⓑ、Ⓒ、合計180万円の資産を購入した場合
Ⓐ4月に15万円のパソコンを10台
Ⓑ6月に12万円の冷蔵庫を1台
Ⓒ8月に18万円の応接セットを1組
↓合計180万円の3分の1に当たる60万円を毎年償却できる。

一括償却資産として計上すると、本来の耐用年数より短い期間で償却することができます。例えば、事務机や応接セットの法定耐用年数は8年、冷蔵庫は6年、パソコンなら4年ですが、こうした資産も一括して、3年で償却できるのです。

また、通常は取得価額が10万円以上の減価償却資産を保有していると、固定資産税が課税されるように「償却資産税」がかかりますが、一括償却資産として処理した場合は、その対象になりません。

20万円未満の資産は、こうした制度を駆使することでその年度の所得を圧縮することが可能です。

知っておきたい減価償却制度②「少額減価償却資産の即時償却」

30万円未満の資産なら即時に償却できる

30万円未満の減価償却資産を取得した場合に、1年間の合計額300万円を上限に経費計上できる（即時償却）制度を「**少額減価償却資産**」といいます。

【例】20万円のパソコンを5台、25万円の工具セットを4組、10万円のキャビネットを10台、合計300万円を購入した場合
↓少額減価償却資産の即時償却を使えば、すべてその年度の経費として計上できる。

先ほどの「一括償却資産の3年均等償却」は、全企業が対象でしたが、この「少

額減価償却資産」は、中小企業のみが対象となります。**「少額減価償却資産の即時償却」と「一括償却資産の3年均等償却」は、併用することはできません。**

一般的に、効果がより大きくなる少額減価償却資産の即時償却を選択される方が多いです。

ただし、取得価額が30万円未満の償却資産については、償却資産税の申告の対象になりますので、忘れずに申告しましょう。

取得価額が10万円未満の資産および取得価額が20万円未満の資産で一括償却資産として処理をした場合は償却資産税の申告の対象にはなりません。

この制度は、時限立法（一定の有効期間を付した法令のこと）で、令和5年1月時点で、平成18年4月1日から令和6年3月31日までに取得した資産に適用されるものです。

対象者である中小企業の経営者はぜひ活用してみてください。

チェックしておきたい時限立法

期間が定められている分、魅力的な制度が多い

「少額減価償却資産」のように期間が定められている時限立法は、他にもあります。その前にまず、**「特別償却」**と**「税額控除」**についてお伝えいたします。

「特別償却」とは、**通常の減価償却費とは別に、一定金額（取得価額の30％）を初年度に追加計上できるというもの**です。

つまり、課税所得から追加分（特別償却費）を控除することで、初年度の法人税が大幅に軽減されます。

一方、**「税額控除」**とは、**法人税額からさらに税額を控除することができると**

いうものです。

例えば、500万円の設備を取得し、税額控除（率）が取得価額の7％の場合、500万円×7％＝35万円がそっくり法人税から差し引かれ、減価償却は通常どおり行われます。

「特別償却」と「税額控除」は併用できませんので、会社の損益状況などを考え、選択するのが良いでしょう。

魅力的な時限立法があるので2つ、ご紹介します。

中小企業投資促進税制

→一定額以上の機械や工具、あるいはソフトウェアを取得すると、特別償却または税額控除が受けられるというものです。適用期限であった令和5年3月31日からさらに2年延長される予定です。

中小企業経営強化税制

→特別償却または税額控除のどちらかを受けることができますが、特別償却を選ぶと、種類によっては、経営力向上計画の認定を受けることにより、取得価額の全額（１００％）をその年度に償却（即時償却）することが可能です。

つまり、設備投資の費用が全額、そのまま経費計上できるというメリットがあります。適用期限であった令和5年3月31日からさらに2年延長される予定です。

このように、時限立法は魅力的なものがたくさんありますので、定期的にチェックすることをおすすめします。

乗用車を買うなら3年10カ月落ちの中古車

定率法なら最短1年で償却ができる

減価償却で工夫できる資産の一つが「車」です。

会社で使用する車を購入する際、新車と中古車のどちらにするか迷われる経営者は多いですが、賢い経営者ほど、中古車、その中でも、3年10カ月落ちの中古車を選ばれます。

なぜなのか、詳しく見ていきましょう。

車は種類により耐用年数が定められています。

普通乗用車は6年で、3年10カ月落ちの中古車の場合は2年で償却することができます。

さらには、**定率法で計算すると期首購入の場合、1年で償却ができるので、購入代金のほぼ全額をその年に償却することができます。**

そのため、賢い経営者は、3年10ヵ月の中古車を購入し、定率法で減価償却するのです。

176ページの青山社長と赤木社長の例をご覧ください。

両者とも、期首に500万円の車を2台購入しています。

しかし、青山社長は3年10ヵ月落ちの中古車2台を、赤木社長は新車2台を購入しました。

青山社長は、定率法での減価償却を選択したことにより、998万円を損金に計上し、結果として法人所得の500万円全額を圧縮し、法人所得0円にすることができました。

2年目、繰越欠損金として498万円を、法人所得500万円から差し引くことができ、結果として法人所得を2万円に圧縮することができました。

ただし、事業年度の中途に購入した場合は、使用した月数での按分計算になるので購入時期には注意が必要です。

中古車購入における「定率法のメリット」を知る経営者はまだまだ少ないようです。

この機会にぜひ覚えておきましょう。

青山社長の場合

【例】会社で期首に500万円の 中古車 を2台購入

（3年10カ月）

仮に利益が下記のように出た場合、法人所得は次のようになります。

1年目

減価償却前利益 500万円
減価償却費 998万円
法人所得 0円（繰越欠損498万円）

2年目

減価償却前利益 500万円
繰越欠損 498万円
法人所得 2万円

⬇

定率法で計算すると１年でほぼ全額を償却することができます。

◎赤木社長と青山社長が車を２台購入した場合

赤木社長の場合

【例】会社で期首に500万円の 新車 を2台購入

仮に利益が下記のように出た場合、法人所得は次のようになります。

1年目

減価償却前利益 500万円
減価償却費 333万円
法人所得 167万円（未償却残高667万円）

2年目

減価償却前利益 500万円
減価償却費 222万円
法人所得 278万円（未償却残高445万円）

3年目

減価償却前利益500万円
減価償却費148万円
法人所得352万円（未償却残高297万円）
※残価１円まで償却

経営者の自宅を法人に売却する

建物を減価償却でき、修繕費も損金計上できる

法人名義の住宅を購入した場合、「減価償却費」として会社の損金とすることができます。

例えば、中古木造住宅を購入した場合、中古木造住宅は22年以上を超えたものは４年で償却します。

・１年目→住宅購入費全額を支払う
・１～４年目→利益から住宅購入費を４分割した金額を減価償却費として損金計上できる

次に、経営者が自宅を会社に売却し、社宅として使う例も見てみましょう。

【例】 個人の名義の築22年以上の木造一軒家に住んでいる場合
↓法人に名義変更する（会社に1000万円で売却）
↓法人の役員社宅とする
↓4年間、250万円を損金計上する
さらに、経営者自身は家を売却した1000万円のキャッシュが入る

家賃が毎月かかりますが、修繕費などは法人の経費に計上することができます。

仮に2年目に法人に利益がない場合でも欠損金を繰り越すこともできます。

減価償却の年数などは構造などによって変わりますが、そういった工夫も手元にキャッシュを残すための良策といえます。

ただし通常、個人所有の居住用住宅を売却した場合は３０００万円の特別控除が適用されますが、この例のように同族会社への売却については、この限りではありません。

また、売却金額は個人の所得として課税対象となります。他にも名義変更による登記等の諸費用がかかりますので、専門家に相談し検証してから実行することをおすすめいたします。時価での売買となるため、この点についても不動産鑑定士や税理士に依頼をして売買価格の査定をしていただくのがベストです。

22年未満の鉄筋コンクリート造の自宅を会社に売却した場合の例も見てみましょう。

【例】築15年で鉄筋コンクリート造、価格が１０００万円の場合
↓耐用年数は、（47年－15年）＋（15年×20％）＝35年
減価償却費は、１０００万円×０･０２９（定額法の償却率）＝29万円

償却期間（耐用年数）が長いので、減価償却の効果があまり感じられないかもしれませんが、物件の修繕費など本来なら個人の負担となる費用が、会社の損金として計上できますので、メリットは大きいです。

黒字のときは減価償却費の計上で利益を圧縮し、経営不振に陥ったら物件を売却するといった選択もできますし、在職中は社宅として住み、退職時に買い取る方法も選択できます。

なお、デメリットとして、受け取る社宅家賃は会社側で収益計上が必要となり、また相続税において小規模宅地の特例の適用が受けられないなどがあるため、それらを踏まえて網羅的、定量的に検討の上で実行するようにしましょう。

自宅を社宅にする方法も、ぜひ検討してみてはいかがでしょうか。

トレーラーハウスを事務所や店舗にする

償却期間はたったの4年

近年、カフェやフラワーショップなどの店舗をはじめ、事務所や店舗などにトレーラーハウスが利用されることが増えています。

駐車場などに、トレーラーハウスを使い店舗を構えるといった取り組みも各地で始まっており、トレーラーハウスに対する商品価値は日増しに高まっています。

このトレーラーハウスは減価償却資産としても、非常に興味深い存在といえます。

というのも、トレーラーハウスは自走しません。タイヤの付いたシャーシの上に建物が乗っており、車で牽引されます。移動先で住宅や店舗として様々な用途で使用されていますが、税法上は自動車として、償却期間が4年間とされております。

多くの建物は、償却期間（法定耐用年数）が20年を超えますが、**トレーラーハウスの償却期間は現在わずか４年**となっています。

新たに店舗や事務所を構える場合は、トレーラーハウスも一つの選択肢に入れてみてはいかがでしょうか。

使っていない固定資産は除却する

利益を圧縮して法人税を減らすことができる

減価償却の他に、経営者の方々におすすめしたいのが**固定資産の除却処理**です。使っていない資産を除却することで、処分見込み額を利益から引くことができます。

固定資産の帳簿価額を除却（=引く）すれば、減価償却と同じようにキャッシュアウトすることなく、利益を圧縮することができるのです。

例えば、機械を購入し減価償却を始めたものの、もっと高性能な機械が手に入ったため、それまで使っていた機械は工場の片隅に放置されている、もしくは、赤字決算は避けたいと考え、高額な固定資産を取得しても減価償却をしなかったなどの場合、**古い機械を廃棄し「固定資産除却損（帳簿価額 − 処分見込額）」を**

計上することができます。

場合によっては、資産の未償却残高が数千万円にのぼることもあります。そういう意味では、使われないまま放置されている固定資産は「宝の山」ともいえます。償却する機会を失い、帳簿に残っているというケースもあるでしょう。まだ償却していない、あるいは償却を忘れているものがあるかもしれません。想定外のお宝となりうることもありますので、ぜひ帳簿をチェックしてみてください。

また、建物や機械、器具・備品などの有形固定資産だけでなく、ソフトウェアなどの**無形固定資産についても、固定資産除却損を計上することができます。**

例えば、そのソフトウェアを使った業務が廃止されたり、ハードウェアやオペレーティングシステムの変更に伴って、ソフトウェアが利用できなくなったりしたときなどです。

様々なパターンが考えられますので、一度、除却できる固定資産がないか調べてみると良いでしょう。

「有姿除却」で除却する

廃棄処分していなくても「除却」はできる

固定資産除却損が認められるのは、実際にその資産が廃棄処分されたときであるのが原則です。

例えば、機械を廃棄業者に引き取ってもらい、そのときに受領する廃棄証明によって、固定資産除却損の計上が認められます。

しかし、その資産の解体や破砕などに多額の費用を要することが見込まれたり、すでに使用はやめているものの、解体撤去が大変なため当分の間は保有することがあります。

そんなときは、**「有姿除却」という方法で固定資産除却損（未償却残高－処**

分見込額）を計上することができます。

その際は、次のどちらかの要件を満たす必要があります。

1. その使用を廃止し、今後通常の方法により事業の用に供する可能性がないと認められる固定資産
2. 特定の製品の生産のために専用されていた金型等で、当該製品の生産を中止したことにより将来使用される可能性のほとんどないことがその後の状況等からみて明らかなもの

※「国税庁」ホームページ

つまり、「すでに使用されていない」、または「今後の再使用がない」ことが条件となっています。

使用中止に至った経緯から資産の現況、さらに再使用の可能性まで、社内でよく検討したことがわかるように、資料を整えておきましょう。
どのような文面にするかは、顧問税理士に相談しながら作成すると良いでしょう。
減価償却と除却を行う場合は、顧問税理士への相談をおすすめします。

6章

退職金を受け取る

退職金は必ず受け取る

退職金は優遇されている

サラリーマンであれば退職金は会社が準備してくれますが、経営者の場合は、自分で役員退職慰労金（以下、退職金）を準備しなくてはなりません。

準備をきちんとして、退職金を必ず受け取ることをおすすめします。なぜなら、退職金として受け取ることは、次のような3つの大きなメリットがあるからです。

1　退職所得控除がある
2　課税所得は「退職所得控除額」を差し引いた金額のさらに2分の1になる
3　分離課税になるので、他の収入とは合算されない

３つのメリットについて、

「役員として30年間在任し1億２０００万円の退職金を受け取った場合」

を例にして見てみましょう。

1　退職所得控除がある

退職所得の控除額は勤続年数で決まります。

控除額は次のように計算されます（１９６ページの表参照）。

退職所得控除＝８００万円＋70万円×（30年－20年）

つまり、**１５００万円までが非課税金額になる**ということです。

2　課税所得は「退職所得控除額」を差し引いた金額のさらに2分の1になる

先ほどの例の場合は5250万円が課税所得になります。

(1億2000万円－1500万円)×2分の1＝5250万円

3　分離課税になるので、他の収入とは別に課税される

退職金は分離課税のため、5250万円に対して課税されます。

そのため、5250万円に所得税率45％をかけます(37ページ参照)。

5250万円×45％－479万6000円＝1882万9000円

1882万9000円が所得税として徴収されることになります。

住民税を合わせると納税額は、２１１９万１５００円です。

ここで、１９４ページの赤木社長と青山社長の例を見てみましょう。

赤木社長は役員報酬として5年間で1億２０００万円を受け取り、青山社長は退職金として1億２０００万円を受け取りました（※青山社長の役員としての在任期間は30年とします）。

赤木社長の5年間の手取り額の合計は、所得税と住民税と社会保険保険料を差し引くと、７５３０万５３８０円となります。

結果、２人が手にしたキャッシュの差額は２３５０万３１２０円になります。

法人からの支出額は両者とも1億２０００万円です。

この例からもわかるように、退職金をきちんと準備して受け取ったほうが、より多くのキャッシュを手元に残すことができるのです。

（※役員在任期間30年）

青山社長の場合

役員退職金	**1億2,000万円**
退職所得控除額	**1,500万円**
①社会保険料	0円
②所得税	1,882万9,000円
③住民税（※翌年分）	236万2,500円
（①②③合計	2,119万1,500円）

手取り額　**9,880万8,500円**

青山社長のほうが2,350万3,120円も手取り額が多い！

◎赤木社長と青山社長の手取り額

赤木社長の場合

役員報酬（定期同額給与）	**2,400万円×5年**
①社会保険料（×5年）	834万3,120円
②所得税（×5年）	2,636万4,000円
③住民税（※翌年分）（×5年）	998万7,500円
（①②③合計	4,469万4,620円）

手取り額　7,530万5,380円

◎退職所得控除額の計算の表

勤続年数	退職所得控除額
20年以下	40万円×勤続年数
20年超	800万円+70万円×(勤続年数−20年)

注１：勤続年数に1年未満の端数があるときは、たとえ1日でも1年として計算します。

注２：上記の計算式によって計算した金額が80万円未満の場合は、退職所得控除額は80万円になります。

注３：障害者となったことに直接基因して退職した場合は、上記により計算した金額に、100万円を合算した金額が退職所得控除額です。

※「国税庁」ホームページ参考

確実に役員が退職金を受け取るために

定款に「役員退職慰労金」の支給について定める

経営者が退職金を受け取るにあたっては、定款で「役員退職慰労金」の支給について定めがあるか、株主総会で決議する必要があります。

金額は自由に決められますが、あまりに高い場合、「不相当に高額」と税務署に否認されることもあります。

否認されると、税負担が多くなって、所得に課税されてしまうので注意が必要です。

ある方は、退職金を受け取ったにもかかわらず会社に勤務し続け、事実上の決裁権も自分がそのまま持っていたため、否認されてしまいました。

「役員退職慰労金」についての定めがなくても株主総会の決議により、退職金を支給し受け取ることはできますが、否認されないためにも、やはり定款で定めることをおすすめします。

役員の退職金の金額は、一例として**「功績倍率法」**という方法で計算をします。計算式は、次のとおりです。

役員退職慰労金＝役員報酬月額×勤続年数×功績倍率

経営者の退職金の場合、高額になるケースが多いため退職金用の費用を事前に準備しておいたほうが良いでしょう。退職金用の積み立てをしておくと安心です。

退職金の支払いのために銀行から融資を受けるのは難しいため、計画的に準備をしておくことが大切です。

経営者であれば2つの退職金を受け取ることも可能

「生存退職金」と「死亡退職金」

例えば、代表取締役からは退き、会長や監査役として在職する場合（分掌変更）、代表取締役を退いた際には「役員退職慰労金」を経営者ご自身が受け取り、その後、亡くなったときには遺族が「死亡退職金」と「弔慰金」を受け取ることができます。

「役員退職慰労金」と「死亡退職金」として二度、退職金を受け取ることができるのです。

ただし、代表取締役から会長などへ退任した場合、実態としても職務内容が変化していることが必要です。

「役員退職慰労金」には「退職所得控除」が、「死亡退職金」には非課税枠があります。

「死亡退職金」の非課税限度額は、次のように計算します。

500万円 × 法定相続人の数 = 非課税限度額

例えば、経営者である父親が亡くなり、相続人が奥様と子ども2人だった場合、法定相続人は3人なので、死亡退職金は1500万円までは非課税となります。

500万円 ×3人 =1500万円

仮に経営者が個人で1500万円の死亡保険に入っていて、遺族が死亡保険金として1500万円を受け取ったとすると、**相続税の生命保険の非課税枠1500万円と、死亡退職金の非課税枠1500万円合わせて、3000万円ま**

で非課税とすることができます。

この死亡退職金に関しても、「役員退職慰労金」同様に定款に定めておくと良いでしょう。さらに社葬とすれば葬儀費用の社会通念上相当な費用については損金に計上することができます。

事業承継税制を活用する

自社株の贈与税と相続税の納税が猶予される

事業承継にはおもに、

・親族内事業承継
・社内事業承継
・M&Aによる事業承継

があります。

ここでは、中小企業の多くが抱えている問題として、親族内事業承継の際の自社株についてお話ししましょう。

「事業承継税制」とは、後継者が取得した非上場会社の株式等にかかる贈与税・相続税について、その納税が猶予される制度のことです。

この事業承継制度を利用するにはいくつかの要件があり、一定期間にわたって要件を満たすと、猶予された間の税額が免除されます。

中小企業の事業承継の場合、自社株式の問題があります。

自社株式を贈与または相続した場合、時価で評価され、贈与税や相続税の納税が必要となります。

現預金を贈与・相続したならば、受け取った現預金から納税することができますが、自社株式をそのまま納税することはできません。

別途、納税額を現預金で準備しなければならないため負担が大きくなります。

このような問題を解決するために、国が事業承継をしやすくなるよう、政策として出したのがこの事業承継税制です。

平成30年度の事業承継税制で内容が一新され、より利用しやすくなりました。

事業承継税制は申請しておかないと使うことができません。

申請は令和6年3月31日までとなっています。
令和4年の税制大綱において延長しないことが明記されており、早めにご検討されることをおすすめいたします。

事業承継税制は、平成30年度の税制改正以前と、それ以降のどちらか一方しか使うことができませんので注意しましょう。

平成30年度の税制改正以前の一般措置
・発行済議決権が株式総数の3分の2まで
・相続税の納税猶予割合は80%、贈与税は100%
・相続時・贈与時の80%の雇用維持要件
など

平成30年度の税制改正で設けられた特例措置
・全株式対象
・納税猶予割合100％
・80％以上の雇用要件があるものの実質撤廃
など

他にも注意すべき点として、この制度は納税猶予開始後5年間、

・都道府県庁へ「年次報告書」年1回の提出
・税務署へ「継続届出書」年1回の提出
・5年経過後は3年に1回税務署へ「継続届出書」の提出

などの手続きが必要となります。

後継者への贈与前に準備をしておきたいこと

株価を下げる

事業承継制度を使えば贈与税は猶予されますが、もし要件を満たせず否認された場合や、万が一会社を廃業するといった場合のために、株価は贈与する前に下げておいたほうが良いでしょう。

株価を下げるには、例えば次のような方法があります。

・減価償却をして利益を圧縮する（156ページ参照）
・使っていない固定資産を除却する（184ページ参照）
・経営者自身や配偶者の退職金を出して利益を圧縮する

・景気の良いバブル時代などに買った土地が残っていれば、今は価値が減っているので、その土地の評価を下げて株価を下げる
・役員報酬を引き上げて利益を圧縮する
・会社として生命保険に加入する（生命保険料が損金になるため）
など

このように株価を下げる方法はいくつかあるため、どれを実践するのが良いかは、顧問税理士に相談するのがおすすめです。

ちなみに、株の「譲渡」と「贈与」の違いは次のとおりです。

「譲渡」……自社株を第三者に売却（M＆A含む）した場合。
「贈与」……今まで築いてきた会社を後継者にそのまま引き継ぐ場合。
※贈与の多くは、身内に対して行われています。

事業承継は計画的に行うことが大切です。専門家などと相談しながら早めに準備しておくことをおすすめいたします。

M&Aについて検討する

株主である経営者の手残りが多くなるケースが多い

事業承継の選択肢として、一般的に、

①親族内事業承継
②社内事業承継
③M&Aによる事業承継

があるとお話ししました。

このうち、一般的に経営者（株主と仮定します）の手残りが多いのはM&Aによる事業承継であるケースが多いです。

キャッシュの残し方として、「株式譲渡」や「役員退職慰労金」として受け取るケースが多いですが、「株式譲渡」ではなく「事業譲渡」を選択するケースもあります。

この場合、「株式譲渡」と「事業譲渡」では税金の負担額が大きく変化するため、事前に検討が必要となります。

「株式譲渡」とは、売り手が有する会社の株式を買い手に譲渡することで、対象会社の全体を買い手に承継させる手法です。

一方で、「事業譲渡」とは、会社の事業の全部または一部を他の会社に譲渡するものです。

経営者である場合は、退職金もそのタイミングで受け取ることができます。退職金は比較的税率を低く抑えることができるため、退職金の支給を検討することで手元に残る資金を増やすことができます。

なお、退職金のうち、不相当に高額な部分については税務上否認されるため、注意が必要です。

退職金は会社の損金となるため、承継者側で繰越欠損金として活用できるというメリットが生じる可能性もあります（法人税法上、一定の場合には繰越欠損金の利用制限が課せられる場合があります）。

いずれにしても、M&Aに伴って、「株式譲渡」や「事業譲渡」「役員退職金」の支給、繰越欠損金の利用可能性などについては、事前に税理士などの専門家に相談されることをおすすめいたします。

おわりに

最後までお読みいただき、有り難うございました。

先述したとおり、本書は中小企業の経営者が「自身の判断で使うことができるキャッシュを増やすこと」に焦点をあて、クライアントの方々から反響の大きかった内容を中心に税制や様々な制度の話をまとめさせていただきました。

この10年の間でも、自然災害や、新型コロナウイルス感染拡大など、誰もが予想もしない大変な局面がありました。

そうした中でも、本書の内容のようにキャッシュを残す取り組みを実践している経営者の方は、余裕をもって世の中の流れを見極め、対応することができていたように思います。そのような姿を見るたび、経営者には「有事に備えておくことの大切さ」と、そのための「高い金融リテラシー」が必要だと肌で感じています。

国は会社が存続するための制度をたくさん用意していますが、それを丁寧に、細かく教えてくれる場はありません。

だからこそ、経営者自身が自ら学ぼうとする意識が大切だと思います。

私事で恐縮ですが、2011年の東日本大震災をきっかけに、石巻では経営者の方々を中心に有志で「福禄寿の会」という、勉強会を毎月開催しています。

福禄寿の会は、

「福」信頼できる友
「禄」経営にかかわる知識
「寿」健康に関する知識

の3つをテーマに掲げ、経営者の継続的な学びの場の共創を目的として発足した会です。

重ねがさねになりますが、会社や家族、従業員など、大切な人たちを守るためには、潤沢なキャッシュが必要であり、キャッシュをつくる方法を知ることが重要です。

様々な制度を活用していただき、キャッシュと心に少しでも余裕をもつことができたなら、著者としてこれほど嬉しいことはありません。

本書が、「あなた」と「あなたの大切な人たち」のより豊かな人生を手に入れられるきっかけとなりますように。

著者紹介

石野茉希（いしの・まき）

本名・渡辺エリ
株式会社イーアールアイ　代表取締役
株式会社トレーラーハウスフロンティア　取締役役員
新潟県魚沼市生まれ。宮城県石巻市在住。外資系保険会社で15年間プレイングマネージャーとして勤務する。法人・経営者に特化した中小企業の福利厚生・企業保険等を手掛ける。
2011年3月11日の東日本大震災を機に、大切なお客様に最良の保険提案をするため、多くの保険を扱うことのできる乗り合い代理店に転職。震災での体験から「経営者が自身の判断で自由に使えるキャッシュ」の重要性を感じ、税制や中小企業のための様々な制度を学び、わかり易くアドバイスをしている。
これまで培った知識と人脈を生かし、経営者の仲間を中心とした有志で『福禄寿の会』という勉強会を運営し、「福」：信頼できる友、「禄」：経営にかかわる知識、「寿」：健康に関する知識の３つをテーマに、経営者の継続的な学びの場の共創を目的として2016年から毎月開催している。
好きな言葉は「非課税」「減価償却」。

石巻商工会議所女性会 副会長／石巻商工会議所青年部 副会長／みやぎレディース中央会 理事／ライオンズクラブ国際協会2022年～2023年度宮城地区キャビネット会計／ＭＤＲＴ2023年度会員／ＡＦＰ（日本ＦＰ協会認定ＦＰ）／ＴＬＣ（生保協会認定ＦＰ）／相続診断士

監修者紹介

佐々木健郎（ささき・たけお）

公認会計士・税理士
株式会社マネージポート会計事務所　代表取締役
コンサルティング会社、新日本有限責任監査法人等で、Ｍ＆Ａ、事業再生、ＤＤ・事業計画策定支援等に従事。2013年には大手地方銀行に常駐し、多数の事業再生業務を行う。ＳＰＣを利用した不動産や債権を中心とする証券化案件において、会計税務コンサルティング、期中管理業務等にマネージャーとして数百件に従事。
2013年、株式会社マネージポート会計事務所代表取締役に就任する。
事業再生研究機構 税務問題委員会 税制改正ＷＧ委員、事業再生実務家協会 会員、日本公認会計士協会 東京会 経営委員会 委員、東京都 まちづくり専門家 専門委員等を歴任。不動産証券化協会（ＡＲＥＳ）主催「不動産証券化協会認定マスター養成講座 会計・税務編」のテキスト作成委員なども歴任。

1割《わり》の経営者《けいえいしゃ》だけが実践《じっせん》している
会社《かいしゃ》と個人《こじん》のキャッシュの増《ふ》やし方《かた》 〈検印省略〉

2023年 4 月 12 日 第 1 刷発行

著 者――石野 茉希（いしの・まき）
監修者――佐々木 健郎（ささき・たけお）
発行者――田賀井 弘毅

発行所――あさ出版パートナーズ
〒171-0022 東京都南池袋 2-47-6 パレス南池袋 302
電 話 03 (3983) 3227

発 売――株式会社あさ出版
〒171-0022 東京都豊島区南池袋 2-9-9 第一池袋ホワイトビル 6F
電 話 03 (3983) 3225（販売）
03 (3983) 3227（編集）
F A X 03 (3983) 3226
U R L http://www.asa21.com/
E-mail info@asa21.com
印刷・製本 萩原印刷（株）

note http://note.com/asapublishing/
facebook http://www.facebook.com/asapublishing
twitter http://twitter.com/asapublishing

ISBN978-4-86667-371-4 C2034